速溶綜合研究所　著

圖解
傾聽力

快速提升
職場人氣 100%

U0106879

非凡出版

能說會道的人不一定是成功者
溝通除了「說」還有「聽」！

除了用「說」的方式表達自己以外，會傾聽他人的聽者也一定能很快獲得對方的信任。那麼什麼是傾聽？為什麼人們更喜歡「說」而不是「聽」？通過這本書，我們會揭開在日常工作當中，如何利用「傾聽」引起對方的共鳴並真正地說服對方的秘訣。

本 書 使 用 小 秘 訣

在每一個 Chapter 的末尾,都會着重講解一個傾聽方法,並附以「簡單實踐法」,期望透過圖像幫助大家學習傾聽技巧。

登 場 人 物

● Dr. Benjaman
性別：男 年齡：55 歲

速溶綜合研究所的研究員，專攻社會學。
常年帶着助手到不同的地方去考察，喜歡
在隨身攜帶的手帳上記錄各種細節。最近
對於社會人的自我啟發也開始有了興趣，
最喜歡的身體部分是鬍鬚。

● Kiko
性別：女 年齡：25 歲

Dr. Benjaman 的得力助手。由於曾經當過
新聞記者，所以對於確認事實特別執着。
認真，是 Kiko 最大的特點，所以她很多
時說話比較直率，但是個內心非常淳樸善
良的女子。

● Kelvin
性別：男 年齡：23 歲

剛加入公司一年的小職員，在大學裏沒有
辦學會活動經驗，所以社交方面不是很擅
長。遇到困難時愛獨自想像情景，不過最
終還是會回到現實。雖然在工作上也容易
糾結，但是同時也很喜歡動腦筋，遇到挫
折總能找到戰勝的方法。

● Peter

性別：男 年齡：28 歲

在職六年，是 Kelvin 的前輩，也是林 Sir 的得力助手。平時性格開朗，樂於助人，經常會幫助公司其他同事。喜歡與大家分享自己的有效工作經驗，受大家喜愛。

● Wing

性別：女 年齡：22 歲

跟 Kelvin 同一年加入公司，座位在 Kelvin 的正後方。擅長 Excel 等辦公軟件，在這方面非常樂於幫助同事。由於重視團隊精神，部門成員在一起討論問題時，她經常充當積極發言的角色。

● 公司裏的同事：Tony・John・林 Sir

Kelvin 公司裏的上司和同事們，關係很和睦，經常一起討論問題、互相幫助。雖然他們各自的意見不同，但他們的意見成了 Kelvin 在危急時刻的強大後盾。

目錄

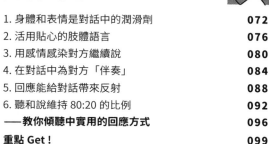

目 錄

CHAPTER 7 傾聽時的 小細節

傾 聽 的
基本態度

很多人認為傾聽只要聽就好了，全然不知在「聽」當中還有很多學問。

其實聽者的表現取決於說者的內容，而說者的心態取決於聽者的態度。好的傾聽者能夠讓說話的人更好地「說」，而說話者的精彩內容，也能讓傾聽者更舒服。所以作為一個好的傾聽者，要有哪些基本的傾聽姿態，現在來了解一下吧！

聽 + 說
才是對話

大多數人認為溝通和對話是掛鉤的，只有語言交流才是溝通。其實不然，**好的、有效果的對話是由說話與傾聽兩個部分組成的，而對話的質量往往取決於傾聽的態度。**我們往往會說善於傾聽的人是智者，因為他們懂得在傾聽中抓緊與對方交流的重點，然後通過語言說明出來，這樣的對話才是有意義的對話。

Kelvin 和 Wing 是公司的新人，對項目活動都有很多想法。在一次午間休息時，由於 Kelvin 和 Wing 對公司最近開發的一個項目很感興趣，於是熱烈地交談起來。本來很好的交談活動，最後卻鬧得不歡而散。原因就是 Kelvin 在整個交談過程中喋喋不休，只顧着說自己的觀點和見解，完全不給 Wing 參與話題的機會，最後演變成 Kelvin 慷慨激昂地在闡述，Wing 看着 Kelvin 高談闊論卻沉默不語。最後 Wing 隨便找了個藉口轉身離去，討論便尷尬地結束，但直到 Wing 離開，Kelvin 還是不太明白自己究竟做錯了什麼。

要知道對話中不僅僅只有「說」，還有「聽」，要摒棄一般的常規觀念，學會在傾聽中思考。

只有一個人喋喋不休地說會讓人想停止對話。

聽＋說才是對話。

除了「擅長說話」，還要更重視「善於傾聽」，因為你能從傾聽中得到不少收穫。

對話的意義

▼

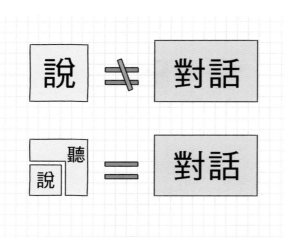

❶要注意在對話中，不要出現一個人喋喋不休的情況。

其實在之前的實例中，如果 Kelvin 能在談話的過程中，在表達自己的見解後，也能給 Wing 發言的機會，自己多傾聽，那麼這個對話就能愉快地進行下去了。

所以說，好的對話活動應該是「說話」+「傾聽」。

為什麼這麼說呢？

我們有兩隻耳朵和一個嘴巴，這種比例「分配」很大程度上是讓我們學會多聽。善於傾聽的人其實是會思考的人，因為他們在傾聽的過程中，能發現在說話時了解不到的內容，並為之思考。

如果留心觀察，會發現在生活中，那些善於傾聽的人，完成一件事情時通常比較順利，因為他們在不斷傾聽時進行了思考，便能很快地找到解決問題最簡單有效的方法。那些不願傾聽的人，得不到吸取他人意見或建議的機會，做起事情來自然挫折不斷，事倍功半。那些只自顧自地抒發自己意見的人，一般很難讓人與他繼續對話。所以，聽者「有心」，說者「無心」，都會障礙對話，在會話中要做個「有心」人，於人於己都有好處。

你真的在聆聽嗎？

職場新人脫離了無憂無慮的校園，隨着生活工作壓力增加，職場新人的煩惱也愈來愈多。這個時候他們可能會產生各種各樣的問題，需要人來解答。但是如果有這樣的朋友來向你訴說，你又會怎麼辦呢？

Wing 和 Kelvin 同一天入職，所以他們之間的關係就多了一層同伴的情誼。Wing 最近因為上司的嚴厲責罵而受了不少委屈，想向 Kelvin 吐吐苦水，沒想到 Kelvin 卻誤以為 Wing 是在向他尋求解決辦法。當 Wing 在向 Kelvin 訴說的時候，急於幫助 Wing 找到解決方法的 Kelvin 卻忽略了 Wing 的訴說，反而滿腦子想着怎麼幫助 Wing 解決這個問題。雖然是好心幫助朋友，但在 Wing 看來，Kelvin 的心不在焉反而讓她更加不開心了，兩人不歡而散。Kelvin 非常不解，搞不清楚狀況，還以為自己是不是哪句話說錯了。

其實 Wing 只是想找人傾訴和梳理一下，Kelvin 只顧着想解決辦法而不顧 Wing 的傾訴，反而讓 Wing 想到「他會不會覺得自己很煩啊！」、「到底有沒有在聽我說啊！」⋯⋯這樣那樣的感覺很快就從 Wing 的腦裏冒出來了。

不如下班約她去吃飯……

我該怎麼跟她說呢？

他到底有沒有在聽我說啊！

那幫她重新做一份策劃案會不會好一點？

唉，又被林Sir罵了！一個策劃案我做了三遍。

不要緊，你這麼聰明，肯定能做好的。

Kelvin說得對！

唉，又被林Sir罵了！一個策劃案我做了三遍。

可以先判斷好「說」的一方此刻來向你傾訴的主要目的，再來判斷要做一個怎麼樣的傾聽者。

傾聽鐵則

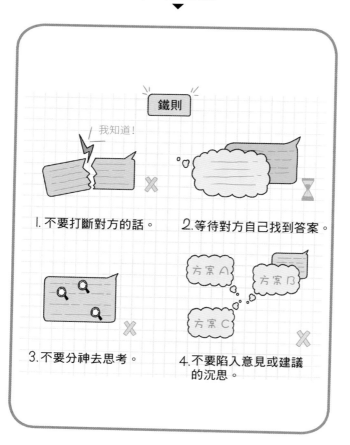

鐵則

我知道!

1. 不要打斷對方的話。

2. 等待對方自己找到答案。

方案A
方案B
方案C

3. 不要分神去思考。

4. 不要陷入意見或建議的沉思。

其實當傾聽者的時候就要有傾聽者的樣子。那麼在這裏，我們就告訴大家在傾聽當中要注意哪些問題：

1. 切記不要打斷對方的話。

他人找你訴說的最大原因其實就是想發泄，如果在這種時候隨意打斷對方的話，會讓訴說的人感到不快。

2. 等待對方自己找到答案。

很多時候對方找你傾訴，並非在向你徵求解決的辦法，而是希望你幫助他進行自我梳理。這時「你需要這樣做……」、「你還是聽聽我的想法……」等說辭並不是他們想要聽到的。

3. 不要分神去思考。

傾聽的狀態對應的是對方的傾訴，所以當他人找你傾訴時，你很多時只需要傾聽即可，在聽的過程中不要分神去思考，要專心地去聽。

4. 不要陷入意見、建議的沉思。

最後，聽的過程中除了不用分神去思考以外，也不用去想如何給對方意見或者建議。對方並不一定想從你身上得到解決方法，很多時只是想找個人幫助他們進行自我梳理，再找到解決辦法。

切記不要插嘴
打斷他人的話

生活當中總會遇到這樣的人，你明明只是想跟他們吐吐苦水，抒發一下心中的不快或者鬱悶，他們卻總是在你傾訴的時候插嘴打斷你的話，讓你原本想要傾訴的心情蕩然無存，只剩下更多的鬱悶。

最近公司得到了新的項目，正在籌備新項目的策劃案。這天，林 Sir 召集策劃小組開會，想要對之前大家做的方案進行一個討論，看誰的更合適。正當林 Sir 在解說其他同事的策劃案時，Wing 突然插嘴說起了自己的想法，說到激動的時候還站了起來，完全不顧林 Sir 鐵青的臉和前輩 Peter 的尷尬。於是，原本是林 Sir 主持的方案討論會，變成了 Wing 的評論會，大家看到氣氛不對，就草草地結束了會議。

所以你們看，林 Sir 還在進行方案解說，這時還不需要大家的意見，Wing 作為傾聽者，甘當配角才能更好地與傾訴者產生互動感。如果像 Wing 這樣在對方說話時不停地插嘴打斷對方，會給人留下不好的印象 [1]。

在傾聽過程中，要時刻謹記自己是配角，自己存在的目的是讓對方一吐為快，而不是在對方說話的時候隨意地打斷。

方案討論會

好的傾聽者能夠在傾聽中了解對方的訴求，時刻保持平穩、認真的姿態。

不要打斷對方的話

我的想法

解決方案

❗縱使自己有千萬種解決方法或想法，
也要等到對方把話說完。

像上面說到 Wing 的這種情況，其實在工作和生活中有時也可能會在你身上出現。你打斷對方的話之前可能會在想「我的想法更高明」、「我的想法現在不說一會兒就沒機會了！」、「你聽了我的想法絕對不會吃虧！」等一系列的心理活動。

然而更嚴重的是，**當你在傾聽的時候產生了一系列的想法和自我滿足感的時候，你就需要注意一下自己的傾聽態度了。**

其實很多傾訴者在找你傾訴的時候只是想要抒發情感，表達自己內心的想法。結果你不但沒有認真聽對方訴說，反而喧賓奪主地打斷對方的話，還誤以為這樣可以更有效地交流，那麼你就是個失敗的傾聽者了。

好的傾聽者能夠知道傾訴者的訴求是什麼。他們在傾聽時的姿態也是十分平穩的，認真地聽對方的話，不時給予對方一些肢體動作的回應，等傾訴者說完後再來表達自己的意見或者建議……當你能夠做到這些，就表示你在傾聽的過程中有良好的姿態了。

所以，**在傾聽的時候盡量和緩情緒，做好傾聽的準備，讓對方痛快地說出來，這才是一個好的傾聽者應該具備的姿態。**

不要懼怕 沉默

你有「沉默恐懼症」嗎?

出於種種原因,我們往往會十分害怕對話中出現沉默。其實不用懼怕沉默出現,這種沉默一般代表着兩種情況:**一種是給予對方決定話題方向的權利,而另一種是徐徐結束話題。**

在日常的聊天中,人們不會一直緊緊圍繞一個話題展開,所以不必害怕一個話題的結束。話題的能量是有限的,當一個話題能量耗盡的時候,沉默能給雙方開始下一個話題的寬裕,沉默所帶來片刻的緩衝也許對談話大有裨益。就像 Wing 和 Kelvin,兩人因為是同期新員工,關係友好,所以不時會一起去旅遊,即使這樣好的關係,也有話說着說着就沉默的時候,但是你能說他們很尷尬嗎?

很多時候,交談中的沉默並不是因為彼此都無話可說,很有可能是因為聊到深刻的內容讓彼此都陷入了沉思,也有可能是大家在消化理解之前的談話內容。這個時候,不用害怕這片刻的沉默,也不用刻意去打破沉默。**等待幾秒鐘,給對方留一點時間,給對話留一點空白,是成為善於傾聽的人的重要一步。**

很多時候，沉默的出現並不是無話可說，很可能是因為雙方都需要思考。所以要正確看待沉默的出現。

總是無休止的說話會讓對方無法接受。

適當的沉默會讓人陷入思考。

在說話的空檔，適當地製造沉默，不僅
能調節對話的節奏，也能給雙方一些思
考的時間。

不要懼怕沉默

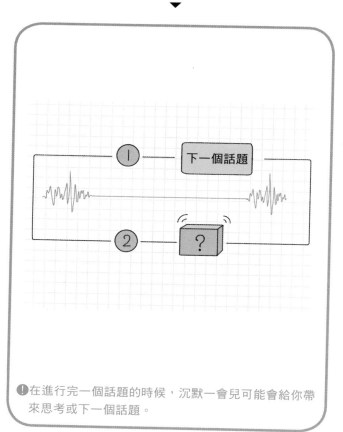

! 在進行完一個話題的時候，沉默一會兒可能會給你帶
來思考或下一個話題。

正如我們前面所說，適當的沉默是對話的有效調節，在不懼怕沉默的基礎上，學着製造沉默，是傾聽力高超的表現 [2]。

製造沉默有兩個點：

1. 等對方開始下一個話題。

在交談中，一個話題結束後，等對方開始新話題。談話過程中出現沉默，人們會擔心自己是不是說錯話或是說太多，而作為傾訴者，對方自然會積極尋找下一個話題來化解這一尷尬。這個時候，好的傾聽者只需要等待即可。

2. 進一步提出引發思考的疑問。

一般情況下，人們在沉默時會思考接下來應該說些什麼。如果在這期間你打破了這種沉默的局面，那幾乎是破壞了對方思考的時間，反而會讓對話陷入僵局。利用這一點，我們可以在交談氛圍熱烈的時候進一步提出引發更多思考的疑問，促使對方沉默下來。

有的人或許很聰明，也很會說話，卻並不擅長與人溝通。問題很可能出在不懂得利用沉默這一點上。在法國，人們會把這種聊天中對方陷入沉默的片刻稱為「天使降臨的瞬間」，享受沉默，靜靜等候，這樣的人才是真正善於傾聽的人。

嚴禁用
長輩的姿態傾聽

在交流中非常忌諱的一點，就是用長輩的姿態去聆聽或說教。任何年齡、任何職業的人，在溝通中應該秉持着平等的態度，不要用居高臨下的強勢姿態去壓倒對方。

對話中雙方的影響是相互的，當你在扮演長輩的時候，對方也一定會察覺到，此時他的思考也許會變得遲鈍，對談話內容也許會變得興致索然。

Kelvin 充滿激情地向林 Sir 介紹新的策劃案，以林 Sir 的經驗來看，Kelvin 的想法有些不切實際。林 Sir 邊聽邊搖頭，對 Kelvin 的介紹進行無聲的反對。Kelvin 看到林 Sir 這樣的反饋，只覺得自己的想法不被認可，瞬間自信心全無，這種情緒會影響他的交談效果，也會打擊他的信心，也許原本充滿創意的策劃就這樣被棄之不用了。如果當時林 Sir 只是微笑頷首，在會後找機會與 Kelvin 交流，告訴 Kelvin 一些行業內的規則，幫助 Kelvin 重新梳理策劃，這樣就會讓 Kelvin 更有信心面對日後的工作。

不要用一種居高臨下的姿態去傾聽，這會影響對方的思維和表達，讓對話變得興味索然。

高高在上的傾聽姿態對說話者有影響。

平等的姿態更容易讓說話者接受。

用平等的姿態去傾聽，對不同的見解持開放包容的態度，這會促使對話的圓滿完成，也讓你顯得更有人格魅力。

傾聽的姿態
▼

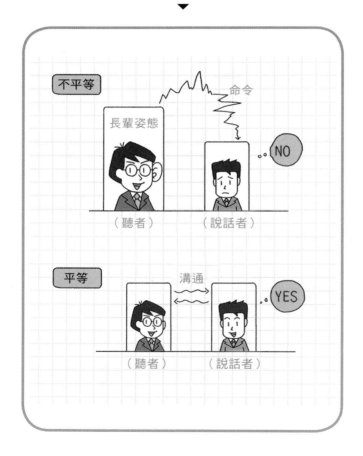

不平等

命令

長輩姿態

NO

（聽者）　　　（說話者）

平等

溝通

YES

（聽者）　　　（說話者）

傾聽的姿態十分重要，平等是基本原則。用長輩的姿態會讓對方產生被俯視的感覺，不僅難以讓交流順暢進行，也會影響自己在對方心目中的形象。

有的人也許一直是家中的長子，或是一直擔任領導的職務，所以交流中會不自覺地帶有長輩的姿態，讓別人不舒服卻並不自知。以下這些態度都是「長輩姿態」的表現：替對方下決定、指示對方、告訴對方應該怎麼做、告訴對方不得不做什麼、讓對方覺得你都是為他好。

很多時候，帶有「長輩姿態」的人並不是故意用居高臨下的態度與你溝通，相反的是，他們更多的是出於好意。也許是人生閱歷深厚、也許是行業經驗豐富，他們在傾聽時總是能找出對方的弱點，總是不自覺地想去糾正他們：「我只是想讓他們少走點歪路啊。」這樣的心態導致了溝通中出現不平等的姿態，反而為傾聽帶來雜音，影響交流的效果。

所以，學會用平等的心態去傾聽，對不同的見解持開放包容的態度，用探討的姿態與對話者進行求同存異的溝通，才是聰明的傾聽者。

你會帶着
競爭意識來對話嗎？

你會帶着着競爭意識來對話嗎？對方要是感到你在跟他較勁，便會很快中止話題，然後開始想着如何說贏你，這樣一來，原本的對話主題就離題了。

Wing 和 Kelvin 的關係雖然好，但是畢竟都是新人，在工作中總是有競爭關係存在的，所以兩人只要討論項目方案就是一副互相較勁的樣子，誰看着都覺得這兩人真不可能維持友好關係。

很多人在交流中會帶有過多的「我」視角，總是會從自我的角度出發，有時候甚至是無意識的。殊不知，這樣的潛意識會讓對方產生不悅，也會使得對話的氛圍變得不再輕鬆。若是一直帶着偏見去傾聽，則會使你忍不住想要反駁對方、說服對方，也就給對方傳遞出十分明顯的競爭意識，也許這場對話會因此不歡而散。

開放的傾聽是一種十分積極的態度，它意味着我們作為傾聽者時，時刻謹記控制自己的態度和情緒，克服成見去適應對方的思維，並給予積極的回應 [3]，而不是帶着「一較高下」的態度去爭個輸贏。

作為傾聽者，我們應該學會控制自己的情緒，用包容的心態去傾聽對方，而不是以一種「一較高下」的姿態去爭個輸贏。

在傾聽中，保持謙遜隨和的姿態，你會發現對話會進行得很順利。

傾聽中發現競爭

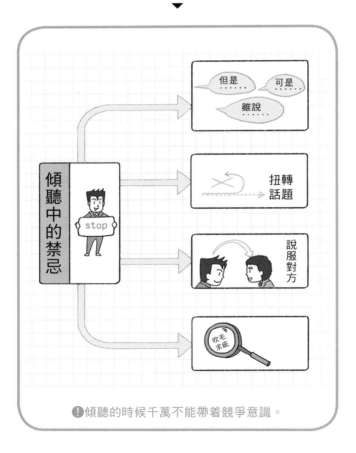

傾聽中的禁忌

但是⋯⋯　可是⋯⋯　雖說

扭轉話題

說服對方

吹毛求疵

❗傾聽的時候千萬不能帶着競爭意識。

回憶一場你覺得不太成功的對話吧，反思一下自己是不是在跟對方競爭？

1. 你是否常說「但是……、可是……、雖說……」？

傾聽的過程中你會點頭表示肯定，但你點頭後卻說出這句：「這麼說是沒錯，但是……」這樣的話，對方會覺得你之前的肯定僅僅是在敷衍。

2. 你是否會嘗試扭轉對方正在說的話題？

例如午休時，同事們正在聊着夏天適合旅遊的城市，你卻說夏天最適合逛商場、哪間名店正打折，試想一下，這樣的轉折是不是很容易引起同事們的不滿呢？

3. 你是否會說服對方，讓對方認為自己的意見才是對的？

很多人在對話中努力地去說服別人接受自己的意見。其實，善於傾聽是一種修養，學會接納不同的見解也是一種大智慧。

4. 你是否會盯住對方的用詞，隨時反駁？

很多人在對話中會不自覺地進入「辯論模式」，喜歡抓住對方的某個用詞進行反駁。其實，靜心聽他人的意見，才能讓他人在對話中感受到你的真誠。

教你如何切換傾聽模式

在本節開始之前，我們先提一個問題：當你在訴說的時候，對方總是有各種各樣的表情或者動作，是否會讓你覺得十分不爽，於是原本可以愉快進行的交談就無法繼續下去了？

所以作為傾聽者，傾聽時，請務必表現出認真的樣子，既是對對方的尊重，也體現了自己的涵養。

有時候，你雖然在認真傾聽，但對方似乎並沒有意識到。這也就意味着，你的傾聽模式對方並不領情。所以，我們可以通過傾聽模式的切換來達到最佳的效果。

1. 停下手上事務，面向對方。

傾聽時，無論有多忙，停下手頭的事務，正面面向對方，看着對方的眼睛，以顯示出你對這場對話的重視以及對對方的尊重。

2. 雙手握住，向着對方。

這是一種專注的肢體語言，同樣，將雙手握住向着對方的傾聽姿態也能表現出一種尊敬和重視。比如在接見一些比較重要的客戶或者經理的時候，可以給予對方一種重視感，但是切記不要過度誇張，而是需要真誠地對待。

3. 拿出紙筆作記錄。

這在會議或者商務會談中經常會使用到，對方在說話的時候，為了能夠表現出你對他說的內容十分重視，也為了抓住這次對話中的重點，拿出紙筆記錄是很好的做法。

4. 含一顆硬糖。

含一顆硬糖會使人充滿活力，當你充滿神采地去傾聽、去思考、去反饋，你就很容易與對方達成熱烈的互動。其次，含一顆糖還能讓你專注於傾聽，不至於思緒飄走或總想插話打斷對方。

5. 端起杯子喝水。

在話題進入沉默，或是雙方陷入沉思時，這時會給人一種尷尬的感覺。不妨試試端起杯子喝一口水，既是一個很好的緩解，又能給雙方一個短暫的思考時間，讓雙方都仔細思考一下對方剛才說的話。

6. 伸懶腰。

傾聽時表現得認真和專注，並不是要求我們始終僵硬地保持一個姿勢，如果覺得長時間作為傾聽者而令思緒有些飄忽時，可以在對話的間隙伸個懶腰，這不僅不會讓對方覺得怠慢，還能活動一下身體，振奮一下精神，反而會給對話注入新的靈感。

那麼如果在十分繁忙的情況下
要如何處理？

[簡單實踐法]
如何切換傾聽模式

如果確實特別忙，可以請對方稍等一下，之後再主動找回對方。

重點 Get！

▼

1

聽＋說 才 是 對話。

2

切記聽的時候不要自己心裏邊想如何去回答，而要耐心等待對方自己找到答案。

3

切記不要插嘴打斷對方說話。

4

不要懼怕沉默。

5

嚴禁用長輩的姿態說教或聆聽。

6

對方要是感到你在跟他較勁，會很快給話題踩剎車，然後開始想如何說贏你。

大家在使用此書的時候可實際嘗試一下，會有更加切實的體會哦。

CHAPTER 2

顧忌說話者的
心情

傾聽既是雙方對話交流的過程，又是雙方情感交流的過程。在這個過程中，如果你的行為或語言讓對方產生了不好的情緒，那麼對話是很難進行下去的，這樣就會破壞了原本可以愉快進行下去的交談。所以在這一章，我們就向大家介紹一下該如何避免在傾聽時破壞對方的心情。

讓對方明白
我在聽

「被傾聽」是人們所嚮往的，在對話中不時給予對方眼神、手勢的肯定，讓他知道你在認真聽，鼓勵他更好地說下去。

很多誤會都是因為不被理解而造成的，在溝通中，如果對方認為你沒有認真聽他的話，很容易出現負面的情緒，也許一場重要的對話就這樣草草結束了。當 Kelvin 和 Wing 完成市場調查後來到快餐店休息，準備討論今天的調查成果時，Wing 一邊聆聽一邊盯着手機，Wing 的心裏想：「聽 Kelvin 說話與做我手頭的事情並不矛盾，我可以兼顧。」只可惜坐在她對面的 Kelvin 心裏就不是這樣想了。也許你認為自己和 Wing 一樣，的確有過人的本領可以一心二用，但在說話者的角度看來，卻是非常不受尊重——聽我說話的時候還在做別的事情，那不如不要展開這場對話了。

很明顯，很多事情站在對方的角度來看就會顯而易見，傾聽就要讓對方知道「我在認真聽你說」，這樣會給對方積極的心理暗示，也會讓他覺得受到了重視。如果你時間很緊迫，可以禮貌地請對方改天再聊。但如果你已經開始了這場對話，那就要全程投入，無論是傾聽還是給出意見。

已經開始了對話，就要全程投入，否則會給對方帶來負面的情緒，不利於對話的開展。

充分地利用身體、語言、表情等方面用心地聽，讓對方明白你在仔細聆聽，使對話在和諧的氛圍下進行。

讓對方明白我在聆聽

▼

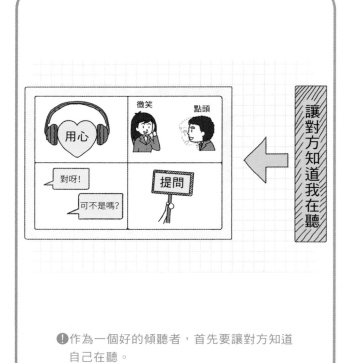

❗作為一個好的傾聽者，首先要讓對方知道自己在聽。

「讓對方明白我在聽」這個表現其實可以通過幾個具體的行動來體現：

1. 用心聽：不要分心想別的。

傾聽時全神貫注地投入，不要分心或是做別的事情。當你用真誠的眼神看向對方時，對方會接收到「他在認真聽我說」的訊息，這樣氛圍就會變得專注而深入。

2. 用身體聽：表情、動作上給予回應。

頷首、微笑、跟隨對方的手勢做出動作等，肢體語言的加入會讓整個對話變得充滿活力，而傾聽的過程中這些無聲的身體語言，能讓對方感受到你的積極回應。

3. 附和傾聽：用些間奏詞來活躍對話。

傾聽途中及時附和說話者的觀點，在關鍵地方可以說一些間奏詞來表示同意──「對呀」、「說得沒錯」、「可不是」等，既能讓對話顯得豐富，又能表現出你正在投入地聆聽。

4. 提問傾聽：適當地提些問題。

一般來說，不要插話中斷對方的思路，但在一些細節問題上，或是對方有明顯的停頓時，可以適當地提些問題，體現出你在認真思考，也能促使對話向着更深入的方向進行。

不方便的事
換個地方說

很多時候，傾聽的場合對交流的效果有着重要的作用。學會引導對方「換個地方說」，是聰明的傾聽者樂於去做的。

有些不方便講的事情，可以通過換個環境使對方說給自己聽。「我有事想跟你聊一下……」、「好，請說。」可如果當時當地周圍都是人，或是十分嘈雜，這場對話是不容易很好地進行的，對方也始終無法放心說出內心深處的聲音。如果回答：「可以，我們換個地方坐下聊？」對方就可以很安心地進行傾訴，而安靜的環境也更有利於你的傾聽和理解。

我們總會說做任何事都要注意場合，言談舉止更是如此。正如在洗手間大談美食，或是在嚴肅的場合說笑話，都是不合時宜的。同樣，傾聽也是如此。對話本是一場說話者與傾聽者靈魂和思想的溝通，一個讓雙方都能放鬆下來的環境，對溝通效果而言是十分有益的。如果我們能在每一場傾聽開始之前，都能在條件允許的情況下盡量做到「換個地方」，那將是一種十分貼心的行為。

不顧場合的說話和傾聽都是不合時宜的。一個讓雙方都感覺輕鬆的地方，才是合適的對話環境。

想要讓傾聽的效果更好，可以換個地方，也可以換個時間。在最合適的地點和時間下進行傾聽，傾聽才會更有價值。

換個地方說

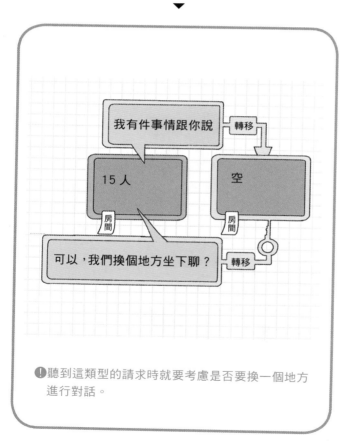

❗聽到這類型的請求時就要考慮是否要換一個地方進行對話。

聽到「我有件事情跟你說」這類的請求時，不要馬上就地開始對話，一起移動到其他的房間會更好[4]。

換個地方多半是為了讓對話與周圍的環境相融合。當我們將要開始一場傾聽，應該迅速地衡量說話者的身份、職業、情緒等，判斷出什麼樣的場合適合交流。

一般來說，正式的場合要莊重嚴肅，比如會議、商務場合等；而非正式的場合，說話者也許會坦率直言。總之，換個場合去傾聽，不僅有利於說話者暢所欲言，也有利於傾聽者更好地去理解。當我們能設身處地為對方着想時，說話者不僅會感受到誠意，也會因為這樣的細節對你大大加分。

並不是每個人的傾聽力水平都很高，在傾聽的過程中，總會有各種各樣的障礙。創造良好的傾聽環境，就是克服這種障礙的一個好辦法。我們不僅可以「換個地方去傾聽」，甚至思路也可以拓展，比如「換個更好的時間去傾聽」，或是「排除所有分心的事情再來傾聽」，等等。

對話就像打乒乓球

在傾聽中，適度回應與適當沉默同樣重要。不要整場談話都默不作聲地聽，要像打乒乓球一樣有來有回地給對方回應，才能更好地表現出你在認真聽。例如 Wing 和 Kelvin 週末一起逛街，但全程只有 Wing 一個人在說話，Kelvin 始終不吭一聲，Wing 原本的好心情瞬間變得不好了。

無論你的傾聽力水平在哪個階段，保持安靜沉默是眾所周知的傾聽的第一要點。然而，聽的時候一聲不吭其實會讓人心裏疑惑——你到底有沒有在聽我說，還是已經遊魂到別處去了？所以，邊聽邊說一些「原來如此」、「確實」、「然後呢？」等類型的回應，會讓對方感覺到你在試圖理解他。而肯定的眼神和恰當的肢體語言，也能表現出「你說得沒錯……」這樣的意思，這也是一種很好的無聲回應。

對話講究的是互動性，你一言我一語才叫作對話。如果只是某一個人持續在說而另一個人毫無回應的話，這場對話也就意義不大了。也許你會困惑，之前我們說到不要在傾聽中插嘴打斷別人，那我們如何把握「打斷」和「回應」這中間的分寸呢？

我們在前面提過不要在別人說話時隨意打斷別人,但我們也要恰當地掌握「打斷」和「回應」的分寸,過度的沉默也是不可取的。

全程只有 Wing 一人說話的對話是失敗的。

你一言我一語才是成功的對話。

有來有往才是高水準的對話，有互動和交流的對話是一場博弈，更是一次合作。

打乒乓球般的回應

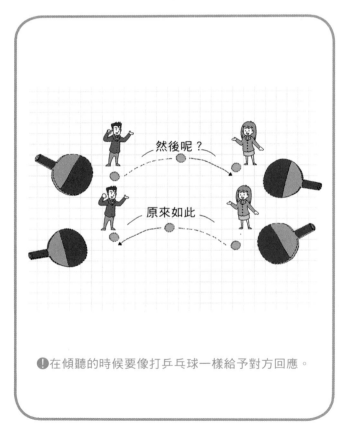

然後呢？

原來如此

❗在傾聽的時候要像打乒乓球一樣給予對方回應。

交流是雙向的，傾聽也不僅僅是被動的接收。「高 Level」的傾聽者可以無聲地引導話題的走向，而作為初級階段的「修煉者」，就從恰到好處地給予回應開始吧[5]。

試想一下，你的朋友在向你講述曾經自己第一次到陌生城市上學時的遭遇，說到剛下火車就被偷走了錢包時，如果你仍然保持傾聽且不語的狀態，就會讓朋友覺得你似乎並沒有對他的心情感同身受，接下來的敘述也許就會變得興致索然了。相反的，如果你能夠抓住機會，在適當的時候稍微地回應幾句：「啊，不會這麼倒楣吧！」、「哎呀，這下怎麼辦呢？」⋯⋯對方會馬上覺得你一定代入了角色，認為和你傾訴真是找對人了，心中會十分暢快。

在傾聽中給對方回應的方法有很多，你可以試着沉浸到對話氛圍中，站在對方的角度，努力去感知他的心情。當對方出現小停頓、重點處或是情緒較為激動的地方，適時地給予一些簡短的回應，如果是語言，那麼盡量短，或直接用含義豐富的象聲詞帶過；如果是動作和神情的話，也盡量「速戰速決」。

要記住，有來有往才是高水準的對話，一場棋逢對手般的交流會讓雙方都覺得愉快，產生英雄所見略同的感覺。

不要
邊聽邊做別的事

現代人生活節奏快，常常覺得時間不夠用，所以，我們會一邊開車一邊用藍芽耳機打電話、一邊看電視一邊敷面膜等。有人會說：「研究表明，一邊聽莫札特一邊做數學題，會解得又快又準呢！」、「一邊跑步一邊聽歌，不僅欣賞了音樂，也讓跑步變得不那麼枯燥了呢！」也許是吧，但如果你同時進行兩件都需要思考的事，那麼不如全神貫注只做一件，相信成功率和效率會大大提高。

傾聽是一項需要你全身心投入的事，不要認為「聽」這件事只需要用到耳朵，如果是這樣，那麼你也只是停留在「聽而不聞」的初級階段。所以，切記在傾聽時最好不要做別的事情。

當 Kelvin 在使用電腦時，Wing 來找他說話，Kelvin 只顧望着電腦回答 Wing，讓 Wing 非常不開心，感覺 Kelvin 是在敷衍自己。與人交流時，面向對方進行眼神的接觸，是基本的禮貌。人的精力是有限的，不要認為自己擁有一心二用的超能本領。

不要認為「聽」只需要用到耳朵，如果只用耳朵傾聽，所得的收穫是非常少的。

一個人找你說話，是對你的肯定和信任，我們應該對這種肯定和信任負責。聽，就要全神貫注，如果暫時沒有時間傾聽，也要禮貌地請求對方稍等一下。

聽的時候要專心

❗傾聽的時候最好不要做別的事情，如果不方便，可以請求對方換個時間。

雖說不要邊做別的事情邊聽，但是有很多時候還是手頭上的事情比較急。如果你當時真的很忙沒有時間，那麼就禮貌地告訴人家「請等我一下」，或是「下午三點左右我再去找你好嗎？」既保證了自己對時間的控制，也體現出你對這次傾聽的重視，會給對方留下好印象。

假設你沒有時間馬上做對方的傾聽者，或者當下沒有心力去傾聽，那麼就盡量不要開始。一邊做別的事情一邊傾聽或者心事重重地去傾聽，都會讓傾聽的效果大打折扣，而對方也會覺得受到了怠慢。聽到一半就打斷或是離開，則更是不禮貌。這種情況會讓你的風度大打折扣，與其這樣，不如另擇一個好的時間，放下手裏的事務好好去溝通。

要知道，一個人找你說話，是對你價值的肯定，也是出於對你的信任。我們應該好好地善待這份信任，也更應該維護好自己的個人形象。不僅如此，也要對自己手頭的工作負責。所以，無論從哪個角度來看，邊做自己的事邊聽別人說話都是一件十分不好的事——**做事，就要專注地做；傾聽，就要靜心地聽。**

複述對方的話
表示理解

真正的傾聽有幾個目的：**理解他人、欣賞他人、學習知識、給予幫助和安慰**。提高傾聽力需要我們克服不同的障礙，以達到最終的目的。同樣，說話的人也有希望被理解、被欣賞、被安慰的目的。所以，站在對方的角度思考，先表示理解再展開對話，會讓談話的氣氛變得緩和。

Tony 向林 Sir 匯報工作時說：「我訂單上遇到了點麻煩。」林 Sir 聽後，也許一下子就想起以往的一些由於訂單延誤造成的損失，因為心急所以就直接問道：「啊，賬款回收沒關係吧？」這雖然是一句不經意的話，卻讓 Tony 感到挫敗。

原本下屬在工作中遇到了麻煩，在無力解決的情況下向上司尋求幫助，但上司只是關心任務能否完成，接下來的對話很容易陷入爭論中。上司的行為並不能稱作是錯誤的，但如果林 Sir 在聽到 Tony 的匯報時稍微冷靜思考一下，站在對方的角度去理解他，回答說：「訂單是很麻煩，你遇到什麼問題了？」Tony 會覺得林 Sir 能夠理解自己的立場，接下來就會坦率地說出難處，共同想解決方案。

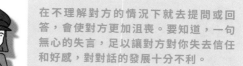

用寬容的態度去接受理解對方的處境，少一點批判，多一點認同。所以，請時刻帶着同理心去傾聽吧！

傾聽時需要理解對方

▼

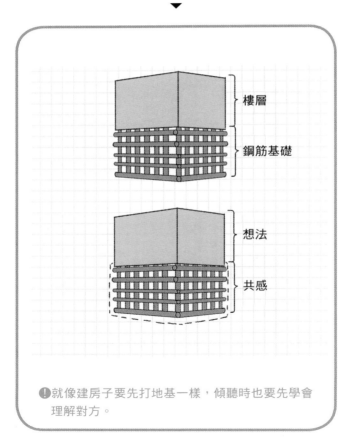

樓層

鋼筋基礎

想法

共感

❶ 就像建房子要先打地基一樣，傾聽時也要先學會理解對方。

由於不同的原因，人們在開始傾聽時總會或多或少帶有先入為主的觀念，這樣的做法是阻礙雙方交流的一大障礙。

在傾聽時，情緒和思想緊緊跟隨對方的思路，無論是熱烈積極的心情，還是悲傷焦急的情緒，都請先予以贊同、表示理解。教育孩子時經常也會遇到這樣的問題，孩子有困難想要尋求父母的幫助，如果這時候父母只是一味指責孩子不懂自己思考，或者敷衍孩子的話，會在孩子的心裏留下不好的印象，同時也增加了孩子的挫敗感。那麼下一次，孩子再次遇到了困難，就會想起父母曾經指責自己的情景，久而久之，孩子就不願意與父母溝通了。

所以，在傾聽時運用一定的說話技巧，緩和對方的緊張情緒。同時用寬容的態度去接受理解對方的思路，鼓勵對方平靜地繼續說出自己的想法，才能夠進行有效的溝通。

傾聽和說話一樣，在人與人的交流中佔據着很重要的作用，少一點批判，多一點認同。如果雙方都是本着達成共識的態度開始交談，那麼就請先帶上你的「同理心」，再開始傾聽吧。

邊聽
邊讚揚對方

對話時，大家都希望獲得肯定，找到同盟軍。所以，**一邊傾聽一邊讚揚對方，是一種很聰明的方式。**這樣可以讓對方獲得認同感，也會對你更加信賴。

Tony 和 Kelvin 每天下班都一起等公車回家，這天 Tony 有一些工作上的問題想向 Kelvin 咨詢，可是 Kelvin 顯得太過認真，不但不斷挑剔，還嚴厲地叫 Tony 趕緊改善，免得林 Sir 批評 Tony。

其實，Kelvin 沒有說錯，他站在朋友的立場真心地為 Tony 的策劃案提問題，給意見。但是 Kelvin 用錯了方式，他在聽的時候只專注於「挑剔」，而不是去先肯定對方，然後再指出錯誤的地方、需要修改的地方。如果你先破壞了對方的積極和自信心，那麼對方就不想再說下去了。

讚揚是交流中很好的潤滑劑，再怎麼劍拔弩張的氛圍，只要有一句發自內心的讚揚，也會讓氣氛緩和不少。傾聽中，如果能給對方直接的讚揚，那麼對方不僅感受到你的理解，更能接收到你的認可，在這種氣氛中，交流會更加順暢。

要學會讚揚對方，即使和對方有不一樣的想法，也要先向對方表示肯定，再去陳述自己的觀點。

要特別注意的是，讚揚要適度，不要為了取悅對方而刻意討好，一定要是發自肺腑的。

邊聽邊讚揚

▼

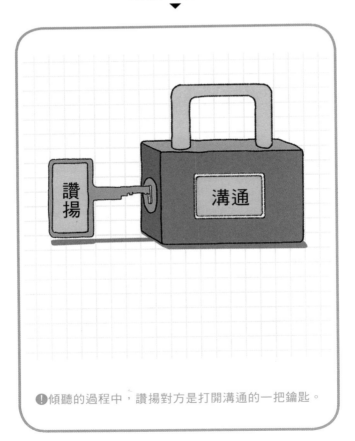

❗傾聽的過程中，讚揚對方是打開溝通的一把鑰匙。

邊聽邊讚揚對方很簡單，只需要在傾聽的過程中，自然地接話去肯定對方就行了。比如「是嗎？你能這麼做真是太厲害了！」如果能用讚揚來展開對話那就更好了，「這很不簡單呢，你是怎麼辦到的，快給我們說說！」

試想一下，當你放工回家，媽媽告訴你：「我已經學會自己用軟件修照片啦。」你會如何回應？當然是要邊聽邊讚揚呀——「媽媽很厲害嘛！怎麼學會的呀？來給我看看你的美照……」相信如果你這樣邊聽邊讚美，媽媽一定會很開心。

同樣，你的同事抱怨手頭的項目太繁重時說：「這些任務真夠多，不知道什麼時候才能做得完呢。」這個時候，你需要判斷一下，他是需要你的建議，還是僅僅發泄不滿。不管是哪種，你都可以先用讚揚來回應對方：「你能力這麼強，這些工作怎會難倒你，別擔心……」

需要注意的是，**讚揚與諂媚是不同的。我們所說的邊傾聽邊讚揚，是來源於我們內心真實的情感，是發自肺腑的肯定與讚許，並不是為了取悅對方而刻意地討好** [6]。這兩者的區別相信對方也能輕易地分辨出來，所以，始終保持一顆真誠的心，才是修煉傾聽力不變的宗旨所在。

CHAPTER 2

聽出說話者的心情

教你如何
用身體傾聽 Part1

傾聽力是需要不斷練習的技能，而不斷地交流才能形成信息的互通、情感的交融。好的傾聽方式可以鼓勵對方繼續說下去，也可以讓自己理解、接受對方傳遞的信息。因此，和諧的交流環境就顯得尤為重要。傾聽時的真誠與專注都能給對方積極的心理暗示，而適時的回應也會讓對方更加放鬆、更加願意分享自己的觀點。如果說這些都是微小的行為，那麼邊聽邊讚揚對方則明顯是積極互動了。

「傾聽」不是一般意義上的「聽」，它包含了用耳聽、用眼觀、用心領會。用身體傾聽，就是用肢體語言表達出專注的傾聽態度，傳遞出你對說話者的重視與認同。所以在這裏我們向大家介紹幾個實用的方法：

1. 面朝對方。

交流時雙方保持適當的距離和角度。每個人都有自己的空間概念以保證自己的安全和隱私，因此交流時雙方應選擇合適的距離，不宜太遠，這樣會有冷漠、疏遠之感。正式場合的傾聽，可保持正常的社交距離。非正式場合可以稍微近一些，但也要參考對方的尺度。但是很多時候，當說話者找你說話的時候，應該馬上面朝對方，這樣對方的動作、表情都能盡收眼底，方便你隨時根據對方在說話時各方面的細微的變化，來判斷如何進行下面的對話。

2. 頻繁點頭。

人的肢體語言是十分豐富的，在傾聽的過程中，輔助性的點頭、微笑，以及一些眼神的交匯，都可以起到鼓勵對方說下去的作用。除此之外，保持開放的身體姿態也很重要，這代表着接納與包容，會讓對方感受到放鬆和安全。就如同我們在本章 Point3 中說到的一樣，如果不是特意要求只需要對方聽自己訴說的情況，一直是只有自己說個不停，對方沒有一點回應，想必你也不想繼續這種無聊的對話吧！所以，輔助性地點頭能夠代表你有認真在聽對方說話，並且有在思考對方話裏的內容，表示贊同。這樣能夠給對方留下一個很好的印象，也能確保對話能夠繼續進行。

3. 做點小筆記。

在傾聽時做點小筆記不僅能幫助你理清思路，更能反映出你對說話者的重視程度，給其以莫大的鼓勵。當然，不要時刻埋頭記筆記，會讓人有「你是筆錄員嗎？」的感覺，也會給對方莫名的壓力，製造出一種緊迫的感覺。不時地記錄幾個關鍵詞，會讓你在傾聽完之後更順暢地組織語言反饋給對方，不至於有疏漏和錯誤。也會讓對方產生「這是一個嚴謹認真的人」的良好印象。

「用身體傾聽」的方法只有上面三種嗎?

[簡單實踐法]
用 身 體 傾 聽 Ｐａｒｔ１
▼

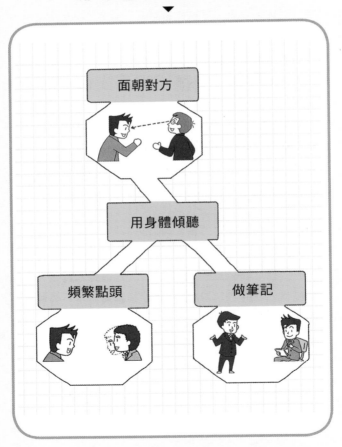

面朝對方

用身體傾聽

頻繁點頭

做筆記

我們會在後面繼續探討「用身體傾聽」
的方法。

重點 Get！

▼

1

讓對方明白我在
聽。

2

有些不方便講的
事情，可以換個
環境讓對方說給
自己聽。

3

不要默不作聲地
聽，給予適當的
回應，對方才能
感到你在認真
聽。

4

不要邊做別的事
邊聽，如果沒有
時間可以請求對
方稍等一下。

5

贊同對方並表示
理解，緩和對方
的緊張，讓對方
得以平靜下來說
出自己的想法。

6

如果能用讚揚來
展開對話是最好
的。

這些方法是不是看上去很實用呢？
放下書本後抓緊時間實踐一下吧！

學會在傾聽中
配合對方

傾聽也不是一味地聽，在聽的過程中也是需要用身體或者語言去配合說話者的。如果給說話者一種只有自己在說話的感覺，那麼對話就難以進行下去了。傾聽時所有的感受都可以通過表情、動作和語言去表達，而不是呆坐着不動，不發表自己任何的意見或建議，這樣不能算是一個合格的傾聽者。

身體和表情
是對話中的潤滑劑

身體跟表情是對話中的潤滑劑,如機器人一般的傾聽無論多安靜,說的人都不會有興趣。面部表情、肢體語言是傾聽者很大部分的表達方式 [7]。

舉個例子,公司派 Wing 接待供應商派來做回訪的人員,Wing 在回答問題的時候,對方正襟危坐、一動不動,看起來就像石像一樣。事後 Wing 忍不住向 Kelvin 抱怨,這個女孩也太死板了。

人的姿態、表情、手勢是極為豐富的,是一種無聲的、特殊的語言。作為傾聽者,在交談中應該試着把自己的身體語言融入談話內容中去。例如增加一些手勢來加強表達效果,但幅度不宜過大,免得喧賓奪主。交流時姿態最好要端正,但不必僵硬地正襟危坐。用開放的身體語言讓對方感受到安全與包容,微微傾向說話者,可以傳遞出對他的信任和濃厚的興趣。這樣的反饋很容易讓說話者深受感動,更加願意談及更深層次的想法。

同樣,輕鬆自然的臉部表情,也有着很大的作用,它將直接地將你的想法反饋給對方。學會表情管理,也是提高傾聽力的一個小秘訣。

如機器人一般的傾聽只會讓對方毫無興趣，要學會充分利用身體和表情，鼓勵對方坦率地表達。

交談時對方正襟危坐讓人覺得難以溝通。

增加一些手勢能夠增強表達效果，促進溝通。

好的傾聽者會用不同的表情、動作、眼神去回應說話者，讓對話在輕鬆愉快的氛圍中進行下去。

對話中的潤滑劑

▼

步伐一致

語速同步

表情同步

❗行為、語言和表情是傾聽中最好的潤滑劑。

生活中也有很多肢體語言表達着配合對方話語的意思：

1. 走路時，腳步會慢慢一致。

一致的步伐會讓雙方處於一種相對平衡、靜止的狀態中，會讓交談變得順暢，也排除了傾聽中的外部障礙。腳步趨於一致，會讓說話者有一種被尊重的感覺，認為你可以跟隨他的節奏去傾聽、去思考，從而也會讓說話者說得更舒心。

2. 說話時，語速節奏會漸漸同步。

保持同步的語速節奏也會讓交談的氛圍變得融洽。語音、語調和語速能傳遞出你的某種情緒和態度，因此也能誘發對方情緒上的變化。作為傾聽者，將語調、語速調整到與對方同步的節奏，會讓對方感到順耳、舒服，也就真切地能感受到關心和尊重。

3. 表情也會跟對方語境同步。

一個友善、微笑的表情，通常表達出你的接納以及有興趣傾聽的意願。當說話者流淚悲傷，或是在說一些嚴肅的事情時，傾聽者也應隨之適當地調整面部表情來表達安慰和同情。一個好的傾聽者應該學會用不同的表情和眼神傳遞出不同的情緒，用來回應說話者。

活用貼心的
肢體語言

如同言語上的回應，我們可以在肢體上配合對方，讓對方感覺在整個聊天的節奏中，你們是同步的。配合對方，拉近彼此的距離，建立並強化彼此間的信任關係。

在傾聽時，因為你需要專心去聽取對方話裏的內容，所以稍微會給人感覺「你是不是真的在聽」的誤會。就例如 Kelvin 作為新員工，每次開會雖然積極，也認真聽大家的發言，但 Peter 總有種 Kelvin「不是真的在聽」的錯覺。因為 Kelvin 一直瞪大眼睛，一動不動，最多做一做筆記，但是也不知道筆記本上寫了什麼。但是如果 Kelvin 在 Peter 說話中配合他的一些動作，就會讓 Peter 覺得 Kelvin 是關注自己的，而不是人在心不在。

根據對方的肢體語言去調整自己的動作，是一種十分容易操作的小技巧。作為傾聽者，配合對方才是必要的。手勢、腳擺放的姿態、站立方式、坐下的方式、身體的動作等都與對方保持一致，很容易建立一種良好的溝通關係，從而提高溝通的效率。

如果在傾聽過程中，肢體僵硬或者和對方的動作不協調，不僅不會拉近彼此之間的距離，還會給人留下一種不得體的壞印象。

會議時傾聽者全都一動不動讓人緊張。

肢體上配合說話者能讓溝通更順暢。

不要為了配合對方的肢體動作而刻意去模仿，這很可能讓對方生厭。總之，一切的肢體動作都是為對話內容本身服務的。

貼心的動作配合

▼

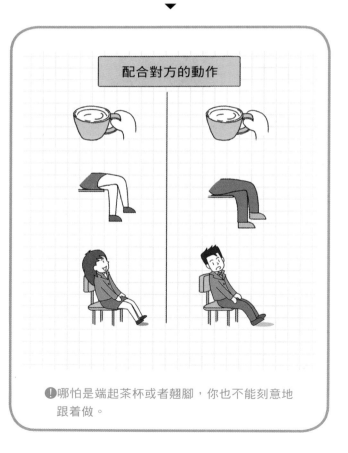

配合對方的動作

❗哪怕是端起茶杯或者翹腳，你也不能刻意地跟着做。

如果不仔細傾聽對方的話，並且認真觀察對方的動作，是很難做到準確調整自己的節奏的，在讓自己與對方同步起來的過程中，無形中你就已經專注於對話內容了。

1. 對方拿水杯喝水，我也喝口水。

在同一時刻喝水、將談話稍作停頓，是有默契的人之間會出現的行為。當對方拿起水杯喝水時，我們也可以自然地喝一口，會讓對方覺得有恰到好處的契合感。

2. 對方翹腳了，我也翹起來。

人們的潛意識裏都會認為，和自己動作合拍的人往往和自己是同一類人，聊起天來也就會更加投入，也就更能引起共鳴。所以，對方有翹腳這樣的習慣動作時，配合對方的步調，也翹起來，不知不覺中會拉近雙方的距離呢。

3. 對方靠在沙發上了，我也靠着。

對話時對方的一切動作都與談話內容緊密相關，說到輕鬆的事情時，也許會靠在沙發上呈現出放鬆的姿態。這個時候，我們也應該拋開緊繃感，將傾聽和反饋變得更為輕鬆。這樣，彼此間的信任關係也會強化。

需要注意的是，一味刻意模仿對方會很容易被人發現，有時候會讓人覺得有些討厭。

用感情感染對方繼續說

傾聽時，我們全身心地投入對話，思想和感情都緊隨對方的思路。喜悅與悲傷，都與對方保持一致，會讓對方覺得你一直投入在對話中。

Kelvin 拿着本季度的財務賬目給 Wing 看時說：「客戶看到這個會很高興！」而 Wing 只是平淡的一句回答：「是呢。」一下子讓 Kelvin 覺得有些灰心和無趣。一般情況下，對方願意和你分享感情情緒濃烈的事情，無論是開心的事還是難過的事，都代表着對方對你的信任。平淡的回應會讓對方覺得你漠不關心，也就會漸漸失去與你分享信息的願望。如果在同事向你報告喜訊時，你能一臉自信地附和他說：「這是一定的！」對方一定會因為受到鼓舞而繼續津津有味地告訴你更多細節。

當別人向你傾訴生氣、憤怒、悲傷等情緒時，試着讓自己進入對方的情景中去感知對方的情緒，與他達到情感上的共鳴，才能更加理解對方，也能讓對話更加具有治癒性。

要和對方的情緒保持同步，對方感覺到了你的理解，才會對你產生信任。

稍顯誇張的感情附和會體現出你的真性情，但在附和的時候要適度。

用感情感染說話者

▼

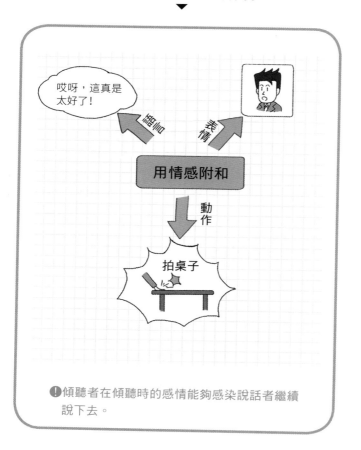

哎呀，這真是太好了！

言語

表情

用情感附和

動作

拍桌子

❗傾聽者在傾聽時的感情能夠感染說話者繼續說下去。

傾聽時，遇到對方想要和你分享感情的時候，簡單而平淡的回答會給人有氣無力地敷衍的感覺，有的時候，稍顯誇張一點的語氣會讓對方更樂意與你分享 [8]。

用感情附和對方時，同樣可以使用語言、表情、動作等各種技巧。

「怎麼會這樣呢？太不公平了！」、「別着急，慢慢說。我們都在聽呢！」、「哎呀，這真的是太好了！」等感情色彩較為濃烈的回應，會讓對方感受到你的關心和感同身受，一下子會拉近你們之間心靈的距離。經常有男性苦惱：「為什麼女朋友總是生我氣呢？」其實，你只需要在傾聽時判斷她的心情，做出回應。她跟你說娛樂八卦，你就用感興趣的情緒去回應：「哦？真的啊？」；她跟你抱怨工作，你就也做憤怒狀：「就是啊！太討厭了！」

揚眉、瞪大雙眼等表情，也可以傳神地表達出情感。用這樣的表情回應對方，不僅在感情上及時配合了對方，也沒有打斷他的話，是一種很好的表達方式。

聳肩、輕微跺腳、拍桌子等肢體動作，也是一種直接的情感表達，用來表達驚奇、憤怒、大笑等，非常具有生活氣息，會讓對方覺得你是個十分真性情的人呢。

在對話中為
對方「伴奏」

人們在說話時通常會有一定的節奏，同樣，傾聽也需要有一定的節奏。**在傾聽的間隙，加入一些間奏詞，不僅能豐富對話的層次，也能讓對方感受到你在積極地參與對話。**

在聆聽上司對你做的工作部署時，如果一味地點頭說：「好的。」會讓上司覺得你沒有認真思考他的話，也許會覺得你有點機械式應付。就如同 Wing 想向朋友訴說自己養狗的樂趣時，而朋友一直說「嗯」、「哦」，會讓 Wing 覺得朋友根本就沒有興趣聽，以後再也不想與朋友出來了。

所以在傾聽的反饋中加入些「咦—」、「嘩—」之類的詞就不同了。這類詞通常是一些簡短的象聲詞，卻飽含了豐富的感情色彩。很多時候這些間奏詞都不需要對方停下來等待你，對方一邊說你就可以一邊給出實時的反饋。這樣既保證了說話的完整性和連貫性，對方也能因為你的積極回應中而更有表達的慾望。

在傾聽時切忌說一些「嗯」、「哦」之類的敷衍詞彙，這會使得說話者的說話慾望驟減，把原本想要說的話藏起來。

哦⋯⋯嗯⋯⋯

我的狗狗會自己上廁所了！

嘩！真的嗎⋯⋯嗯！好厲害！

我的狗狗會自己上廁所了！

如果你不太會說十分得體的讚揚的話，那麼就先學會幾個重要的間奏詞吧，這些間奏詞能豐富對話的層次，也能讓對方感受到你的專注和誠意。

間奏詞

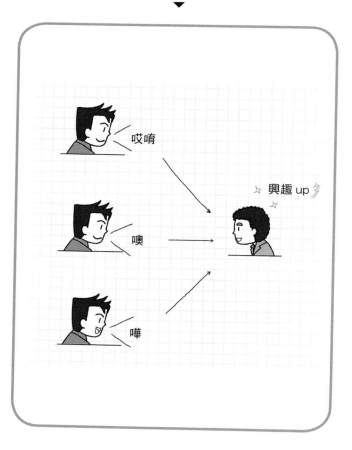

在傾聽時配合對方的過程中，一切都應自然而然，初學者也許無法一開始就能說出十分得體的讚揚對方的話，那麼就先從掌握幾個間奏詞開始吧。

一般來說，常用的象聲詞就是我們間奏詞的寶庫——只不過為它們加上一些豐富的音調，就可以成為重要的間奏詞。比如「嗯」這個字，第一聲和第二聲代表的就是完全不同的意義；哎呀、嗳喲、呵……反饋中帶有這樣的元素能大幅度地增強說話者的興趣，讓他覺得遇到了知音，也就能更深入地展開對話。

比如前面的例子，Wing 在向朋友講述養狗的樂趣時，朋友可以在 Wing 說話的間隙用「嗯——」「哎唷！」等間奏詞表示自己正在聽 Wing 訴說，而不是一副漠不關心且不感興趣的表情。這樣會讓 Wing 覺得朋友是有對自己說的話產生共鳴的，並且也是聽進去了的。這樣才能讓 Wing 繼續與朋友交流下去，而不是中途就沮喪地結束了。

所以，下一次傾聽上司的工作指導時，或朋友找你傾訴時，都試着加入幾個間奏詞來調節氣氛吧。

回應能給對話
帶來反射

傾聽的過程中，複述能給對話帶來反射。一天，Wing 約
Kelvin 吃午飯，Wing 沒什麼胃口吃得很少，於是說道：
「最近工作快忙瘋了，連續三週沒休息呢。」而 Kelvin 卻
只顧着悶頭吃飯，完全沒有顧忌到 Wing 的心情，只叮囑她
趕緊吃完回家休息。Wing 頓時覺得挫敗感更強了，飯沒吃
完就轉身走了。雖然 Kelvin 的話也沒有錯，但是如果他能
夠在當時用「連續三週！？」這樣的複述的話回應 Wing，
Wing 也許會更有興趣繼續說下去。

複述對方的話有一種基礎的形式，那就是將對方的談話內
容原封不動地進行重複。比如上面例子中，將對方語句的
重點——「連續三週」用來回應，讓對方覺得你一下子就
抓住了他說話的重點，傾聽力一定很強。

但由於每個人的經歷和想法不同，對同樣的話會有着不同
的理解。在這種情況下，Wing 只想向 Kelvin 傾訴自己最
近工作十分辛苦，但是苦於不好直接向 Kelvin 抱怨。如
果 Kelvin 能夠更加積極地回應，那麼 Wing 就能夠順勢說
下去。

不要認為複述的行為是多此一舉，它能使對方得到鼓舞，也能給自己思考的時間。

當不能一下子把握對方情緒的時候，不妨多說幾句「是哦」來進一步確認。

複述對方的話
▼

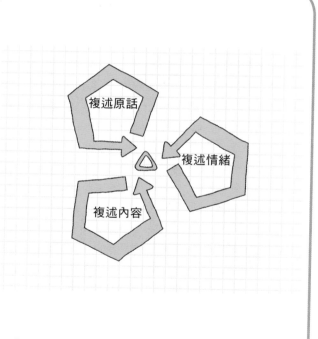

複述原話

複述情緒

複述內容

❗複述對方可以選擇複述情緒、複述內容或者複述對方的原話。

複述對方的話會瞬間構建起一種親密的信任關係，無論是對說話者語言的重複，還是對其語義的重複，都能更好地引起雙方的理解和共鳴。鸚鵡學舌般地用對方話語中的部分內容進行反問，可以表達出豐富的情感。我們為初學者介紹三種複述對方語言的方法——

1. 複述原話：「我三個星期沒休息了。」「三個星期！？」
單純用對方話語中的部分原話回應對方，是一種比較簡單機智的做法。需要注意的是要把對方當作主角，不要加入自己的意見和經驗。有選擇地進行複述即可。

2. 複述內容：「你不是說⋯⋯嘛。」
將對方說話內容進行概括進行複述，注意別在對方說的話的基礎上加入自己的意見後再回覆。這樣做看起來很聰明，也能引導談話的走向，卻會讓對方覺得你其實並不懂他。

3. 複述情緒：「確實令人生悶氣。」
不同的談話有着不同的複述方式，對方表達一些明顯的情緒時，複述對方話語中的情緒也是一種簡單易操作的方法。需要注意的是，不可擅自揣測對方的情緒，當拿不定主意的時候，不妨多說幾句「是哦」，進一步確認對方的說話情緒。

聽和說維持
80:20 的比例

傾聽，是從外向內吸收信息和能量，而訴說則是從內向外去釋放。在不斷提高傾聽力的過程中，把握好聽與說的比例也十分重要。一味地聽並不是好的傾聽者，多聽及適當地說，才能讓對方感受到你的真誠和理解。

人總會在交談時無意識地過多談及自己，希望獲得別人的理解。作為好的傾聽者，將聽和說的比例控制在 80:20 的比例是最為恰當的。說得太少會顯得沉悶，無法形成信息的對流和情感的共鳴；而說得太多則會喧賓奪主，營造不出傾聽的氛圍。

也許你會說：「說」所佔的比例是不是太少了點？其實不然，少說話並不意味着回應就變得很少，前面說過各種回應的小技巧，都可以用起來，而真正用到成段的語言溝通，那就需要適量了，而且必須注意的是，在傾聽中無論說什麼，都應該緊緊圍繞說話者的主題，多把注意力放在對方的身上，而不是另闢蹊徑地從自己的角度再開一個新話題。

雖說在傾聽的時候不應該打斷對方也不能有太多主觀的意見，但是也不能一聲不吭。80：20 是最佳的聽說比例。

明明是來傾聽卻大部分時間在說。

記住聽說的比例才能確保溝通順利進行。

在傾聽的時候，要把對方放在主角的位置，作為配角，只需給出適當的回應，讓對方情緒得到撫慰。

聽說的比例

▼

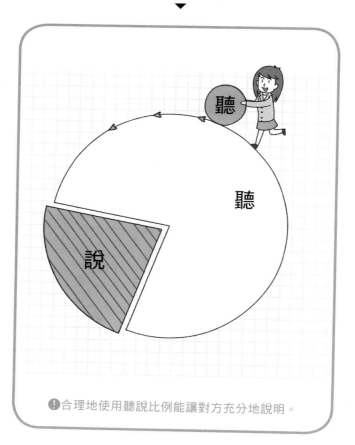

聽

聽

說

❗合理地使用聽說比例能讓對方充分地說明。

很多人說話、傾訴的真正目的，是為了傳遞自己的思想。所以，傾聽者為對方創造一個連貫而放鬆的說話環境就顯得尤為重要。一般來說，我們在傾聽時應有這樣的回應：

1. 用簡短的語言鼓勵對方繼續自己的話題。
當你覺得對方在傾訴時產生猶豫的時候，你可以給予對方一些鼓勵的話，但只需簡短的語言即可。

2. 對事實和細節等尋求更深刻的理解。
比如在傾聽的時候發現有些細節不太明白，此時可以禮貌地打斷傾訴者進行詢問。

3. 確認對方所說的信息。
如果遇到信息不明確的內容，可以停下傾聽確認一下對方所說的信息。

4. 表達贊同、安撫、關心、興趣等情感。
給予對方一些回應時，也可以暫時停止傾聽。

5. 分析、評論、給出忠告。
需要幫助傾聽者進行分析評論時，可以暫時停止傾聽。

這些時候，肢體語言和表情動作的暗示也許已經效用不夠，需要傾聽者直接用語言來給予回應。

教你傾聽中實用的回應方式

在某個論壇上有個小笑話，某人把即時聊天工具的自動回覆設置為「然後呢？」，他的一個朋友就這樣跟他設置的自動回覆聊了一下午。這就說明，某些時候一些簡單的小詞彙能夠讓傾聽者有繼續訴說的慾望，讓對話可以順利地進行。這些便捷的回應方式同樣也適用於我們的日常生活和工作當中。

之前提到了很多傾聽者在對話中的配合，這裏介紹三個魔法句式：

1.「我也深表同感。」

站在對方的立場，表達理解他的感受時，很容易用到這句。

——「這個客戶的要求非常高，你們的團隊最好多準備兩套方案。」「我也深表同感。」
——「這場音樂會真的太精彩了！」「我也深表同感。」
——「只要是週末就會下雨，太掃興了。」「我也深表同感。」

看到沒有，這樣的萬能句式一用，第一時間就表達出你對說話者的贊同，得到了肯定和認可，對話會進行得更好。

2.「原來是這樣啊！」

——「其實我們的目標用戶是那些事業和家庭兼顧的白領女性呢。」「原來是這樣啊！」

——「這個牌子在國外的 Outlet 買會有很大的折扣。」「原來是這樣啊！」

在獲得一些未知的信息或全新角度的思考時，可以用這句來表達。既讓對話顯得有生機，也讓對方有滿足感。

3.「那確實。」

在用於肯定、贊同對方觀點時，用「那確實」會比「是的」顯得更為沉穩和真誠。

——「始終上司較有經驗，這個難題還得要老將出馬。」、「那確實。」

——「新來的實習生工作很有幹勁呢，90後不容小覷。」、「那確實。」

此外還有很多類似的句式，比如當傾聽時自己不確定是否準確領悟到對方的意思時，可以在句末加上一個「是嗎？」這樣即使是說錯了，對方也會繼續闡述。

——「網上的賣家說這件衣服沒有更大一號的了。」「這樣你就沒辦法換貨了，是嗎？」

這樣的回覆既回應了對方，也引起話題的展開，也是一個值得掌握的魔法詞呢。請從現在開始多加關注，結合自己性格列出「我的魔法句式」吧。

重點 Get！

▼

1

面部表情、肢體語言是傾聽者很大部分的表達方式。

2

說話的過程中適當地配合對方做出相應的肢體動作能夠讓對方覺得你很關注他。

3

有時候稍顯誇張一點的語氣會讓對方更樂意與你分享。

4

間奏詞能夠迅速使對方深入展開對話。

5

複述會給說話者很大的滿足感，讓說話者願意繼續跟你說下去。

6

根據說話者的情緒及說話的內容，判斷是否需要附和。

如果覺得難以回答說話者的問題，可以通過一些簡單的回應句式來保證對話的進行。

CHAPTER 4

不可思議的
提問法則

在前面的內容中，我們有提及過傾聽並不是一味地「聽」，中間還包含着傾聽者的活動。但是在作為傾聽者的時候，還是要記得不能「有失身份」，不能搶奪說話者的話題。

如果想要通過提問來了解對話者的話，可以使用一些簡短的提問。在這一章中，我們就為大家介紹如何在傾聽中提問。

提問是表達慾的
催化劑

傾聽中的提問會引發對方更多興趣，也顯得你十分投入。

如果一個人說話，另一個人完全不提問題，會顯得漠不關心，不時問問「你真的這麼想？」、「你那時候還在上海吧？」之類的問題就會顯得很有意思。

傾聽中用於回應的提問，更好的選擇是開放式問題。因為封閉性問題通常是以「是不是？」、「做不做？」、「對不對？」等作為結尾，類似於判斷題，問太多會讓對方產生被審的感覺。比如 Tony 想問 Wing 對公司制度的看法，如果只是簡單地問 Wing「滿不滿意？」，Wing 可回答的餘地就少了，而開放式問題就像問答題，會給對方很大的發揮空間。

可以說，傾聽中的提問有十分重要的作用，好的提問可以左右談話的走向。根據對方說出的信息，可以提出自己感興趣的問題。同時，不想繼續交談下去的時候可以用提問來轉移話題。比如剛才的情況，Tony 用「你覺得公司的考勤制度還需要作哪些修改？」這樣的問題就能刺激 Wing 回答出更有意思的內容。

一味地聽並不是好的傾聽方式，在說話者說話的間隙，要學會提問題。

提問的姿態應該是平和謙遜的，這有利於說話者自己找出問題的答案。

傾聽中的提問

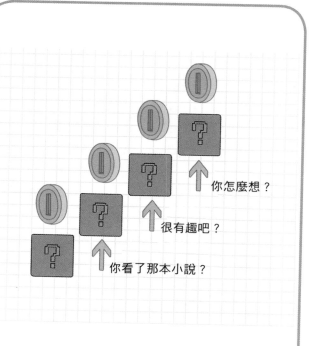

你看了那本小說？

很有趣吧？

你怎麼想？

❗對於剛開始練習提高傾聽力的人來說，可以在對話之間就提前準備一些問題。

傾聽中的提問有三種：

1. 單純確認事實的提問。

例如：「你看了那本小說？」這種提問是基於對說話者說話內容的總結，目的是確認事實。基本上對方可以用「是」和「否」來回答。與此同時，很多時候這種提問還起到了強調的作用。

2. 包含推測的提問。

例如：「很有趣吧？」這是一種對談話內容積極的反饋，對方可以從你的問題中感受到你不僅將他的話聽進去了，還加入了自己的思考，會認為你是一個十分稱職的傾聽者。

3. 促使思考的提問。

例如：「你怎麼想？」在很多傾訴案例中，說話者之所以要不斷表達，其實就是想通過自己的思考和語言來找到內心的答案。所以，傾聽者如果能提出一些促使對方思考的問題，那將對談話起到推進作用，同時，也不會打斷說話者的思路。

需要注意的是，傾聽時提的問題不能過於寬泛，同時，一般不建議初學者問帶有引導性的問題，這樣很容易引起對方的反感。

提問可以加深雙方了解

我們常說，一個好的傾聽者往往是一個成功的心靈疏導者。在面對對方不同的問題和消極情緒時，好的傾聽回應會像涓涓細流一般滋潤對方的心，讓他的情緒得到宣洩，從而使這次傾聽變得有意義。

用假設來使對方積極的方法，往往比那些沒有事實根據的安慰更有力[9]。當別人向你傾訴某種遭遇的時候，我們可以在表達感同身受的同時，用幾句假設來為他指出一條也許可行的路。「這次的數據搞錯了，我太對不起上司對我的信任了。」這時，你最好說「也許你可以更加努力地工作來彌補呢？」之類的積極假設，如果你說：「我懂你的感受，這次數據失誤是挺糟糕的。」恐怕會讓對方心情更差。

你面對朋友的抱怨不知道說什麼好時，試着跳出他營造的困難圈——「這樣下去肯定會出問題的！」、「嗯⋯⋯如果情況發生變化了呢？」用這樣的假設句式，既肯定了對方所說的窘境，表明你認真理解了他現在的狀態，又跳脫出這種負面消極的氛圍，用積極的假設來激勵對方。

不要為了向對方表明自己的理解而說出對對方毫無益處的消極的話，這只會加重對方的心理負擔。

好的傾聽者往往是心靈的疏導者，給對方一些積極的假設吧，也許就是因為這些假設所產生的鼓舞效果，使得對方的困難得到解決了呢！

消極態度的兩種情況

▼

1. 自身消極

沒法做

不好做

做不好

2. 狀況消極

❗不要把消極的狀態帶入到對話中。

一般來說，消極對話分為兩種：

1. 針對自身的消極態度。

當一個人對自己產生消極想法的時候，一定是遇到了某種挫折或是見識到了某種對比。這種情況下，他說出的內容也許的確是客觀事實。作為傾聽者，如果我們僅僅為了安慰對方而一味地附和說：「別這麼想，你不是故意的。」或者：「每個人的人生不一樣，沒必要看着別人的生活。」等，會顯得略為敷衍。因為，這些道理人人都懂，也許只是在那個當下產生了消極想法，所以，針對說話者對自身的消極態度時，一定要結合實際情況去安慰對方，而不是說一些大道理。

2. 針對狀況的消極態度。

在傾聽時保持一種積極的態度，會營造出良好的交談氣氛。對方對目前的某種狀況持消極態度而向你傾訴時，用假設的積極問句可以為對方開啟新的思路，從而保證對話的順暢進行。對方陳述了客觀存在的消極狀況後，可以用沉思的語氣回應對方：「如果……的話，你會怎麼做？」這樣一來，對方也會從消極情緒中冷靜下來，去思考你提出的這個問題，也許新的可能性就這樣引了出來，而對方的自信和幹勁也有可能被你喚醒。

用一句話提問 剛剛好

雖然說要有意識地在傾聽中提問，但還是要牢記一個觀念——你是一個傾聽者，要把說話的機會更多地留給對方。因此，簡短的提問更加適宜。

很多人會在對話中提問時，會把前奏拉得很長，比如明明只是一個問題，卻要在前面加上多句無關緊要的陳述句。還有的人在提問時會一次性問好幾個問題，像連珠炮一樣讓人難以招架，也就很難讓對方理解你究竟想知道什麼。簡短的提問能準確地讓對方知道你哪裏不明白，也就更加便於回答。

就好像 Kelvin 與 Wing 討論促銷活動策劃方案時，Kelvin 一口氣問了七八個問題，讓 Wing 不知從何說起才好，這樣尷尬的氣氛想必大家都不想體驗。

有的傾聽者會在對話中漸漸勾起說話的慾望，所以會不自覺地藉着提問的機會說一些自己的看法、自己的經歷；也有人會害怕別人聽不懂自己的問題，於是反覆地解釋⋯⋯這些都會讓提問變成一種溝通中的雜音。

不要給對話做無用的鋪墊，也不要像連珠炮一樣向對方不斷地提問題，這只會讓對方感覺厭煩。

簡短的問題不至於打斷對方的思路，也會迅速讓自己的疑惑得到解釋。

簡短提問

▼

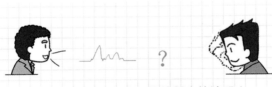

用短句提問，簡潔又能讓對方快速明白。

用長句提問容易讓對方一頭霧水。

簡短的提問能切實讓對方向你傾訴，10—15 個字以內的問題會讓對方不用整理和推敲你想知道什麼，能簡單把自己的想法說出來。

你也許會說，對方說的一整段話裏我有很多不明白的，難道都不去問嗎？我這樣不就無法理解對方了嗎？在這裏，我們建議初學者還是要慎言，不要去深究那些不重要的細節。保持專注的姿態去傾聽，可以用睜大眼睛或微皺眉頭等表情暗示對方，待對方注意到之後自然會說慢一點，或主動解釋。

在學生時代，我們經常會做英文的閱讀理解題，很多字句不懂也沒有關係，跳過繼續往下讀，根據上下文也能猜出意思。傾聽也同樣如此，某時某刻的不理解沒有關係，聽下去，也許答案自己就出來了。要知道，過多過長的問題是極易打斷對方思路的。只有當遇到比較重要的問題，或是對方尋求你的意見時，簡短的提問能讓你迅速得到對方的講解，這時的提問才顯得尤為有價值。

你提問時注意節奏感了嗎？

之前我們說過配合對方傾訴的時候，語音、語調盡量與對方保持一致會比較好。**同樣，在對話中進行提問，也應該配合對方的節奏，步調一致才能擦出思想的火花。**

林 Sir 很緊急地找 Kelvin 詢問工作計劃：「這個文案策劃是企劃部哪個工作小組做的？客戶覺得很好，但是有幾個地方需要立刻修改。」此時 Kelvin 作為傾聽者也應該帶上緊張的語調迅速去提問：「是 Peter 帶 A 小組做的，現在要他們立刻趕到會議室來嗎？」這種直截了當且切入主題的提問才能配合林 Sir。如果 Kelvin 這時候還不急不慢地說：「客戶滿意真是太好了，還有哪些地方要修改呢？現在就修改是不是時間上有點緊張？Peter 他們用了一週時間就趕出來，真是不容易呢……」這樣拖拖拉拉的提問和陳述，會讓對方十分不高興，即使你回應得很熱情，但因為把握不到時間上的輕重緩急，也一樣是一個不成功的傾聽者。

對話和唱歌一樣，跟不上節奏會嚴重影響美感和效果，所以不要在對方急切需要得到回答時拖拖拉拉的，也不要在對方想要娓娓道來時用三言兩語應付。

高明的傾聽者會在傾聽過程中了解對方的性格和習慣，也就更能掌握說話的節奏。

有節奏的提問

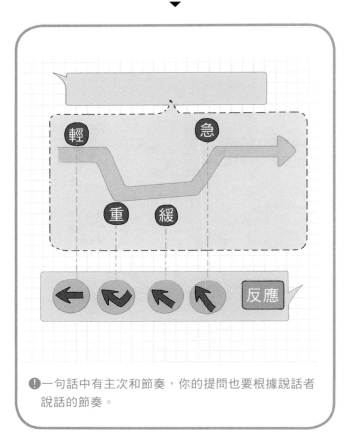

❶一句話中有主次和節奏，你的提問也要根據說話者說話的節奏。

如果朋友慢悠悠地跟你說着自己和未婚妻曲折的戀愛故事，你卻用急切的語速提問──「她為什麼也在那兒？」、「為什麼你要這樣說？」、「快點表白不就好了嗎？」如此快節奏的提問會讓對方覺得你似乎是急着想結束對話，抑或是對自己所說的內容感到反感，這個時候說話的一方也許會比較失望。此時如果你在他緩慢的敘述中微笑點頭，用和他一樣的語調、節奏和帶有幸福感的詞句提問，對方一定會覺得你在感同身受地聽他的愛情故事，會十分受用。

提問時附和對方的節奏能顧慮對方心情，加深雙方理解。有的人性急，你在提問時需要簡短快速地提出；有的人是慢性子，提問時就需要慢條斯理的，讓對方能理解。所以在與不同性格的人溝通時，也應該適度地把握對方的性格特徵，了解對方的對話習慣，就更能掌握對方的說話節奏。這樣在傾聽時，即使需要向對方提問，也能夠清楚地知道在對方說話的哪些間隙，或者用什麼方法提問，自然容易和對方達成和諧一致。

自問自答的
陷阱

有些傾聽者或許是出於不自信，也或許是思維比較跳躍，常常會出現一些自問自答的情況——自己拋出問題，自己又加以回答。完全沒有給對方說話的機會，這樣很有可能就會失去作為傾聽者的姿態。

舉個例子，同事向你抱怨人際關係上的問題，你聽完事情經過後問道：「那天之後怎麼樣了？當時不會因為這個原因就生氣了吧？這樣可就麻煩了。一般來說這種情況啊⋯⋯」這樣絮絮叨叨，一下子把對方從說話者變成了傾聽者。也許在你提出第一個問題時他還會想要回答你，卻因為你一連串的自問自答讓他無從下手，這就略有喧賓奪主的意味了。在傾聽過程中自問自答是一個非常不好的習慣，所以要防止這種情況的出現。

好的傾聽者會觀察、探索，他能將對方的語言進行概括分析，了解溝通的內涵，找到彼此的情感共鳴[10]。當傾聽者說太多話時，很容易造成對方思維的混亂，說話時也會分心去想你說的話，導致一場溝通變得支離破碎。

自問自答的方式是很不討好的。忽視對方的回應而自說自話，只會失去作為傾聽者的姿態。

1.

2.

感覺還是跟前輩們相處不好！

那天之後怎麼樣了啊？

當時因為這個原因就生氣啊？

一般來說這種情況啊……

感覺還是跟前輩們相處不好！

那天之後怎麼樣了啊？

當時也不知道他為什麼會生氣？

到現在也沒想明白。

自問自答的提問方式會擾亂說話者的思維，導致溝通失敗。

我們傾聽的目的是要了解客觀事實，讓說話者的情緒得到開導，所以約束自己的談興，讓說話者自由地表達出自己的想法吧！

自問自答的陷阱

▼

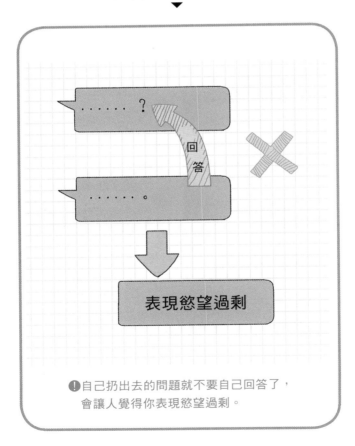

……？

回答

……。

✕

表現慾望過剩

❗自己扔出去的問題就不要自己回答了，
會讓人覺得你表現慾望過剩。

給傾聽者們一句忠告：**自己扔出去的問題不要自己回答了。**你也許會說，我自己回答也許會給對方更多的思考呢？其實，提問的目的是為了讓對方更好地說出自己的想法，過多的自問自答會讓自己顯得表現過剩，喧賓奪主，也容易讓對方進入戒備的模式，造成溝通上的小隔閡。

當有一天上司與你在茶水間偶遇，他饒有興致地說起創業時在外奔波的苦日子，你聽後問：「那時候一定很苦吧？您一定才二十多歲吧？」又不等上司回答你就開始繼續說，「一定是很年輕的時候，因為只有年輕人才有這股衝勁啊……」試想一下這個場景，上司會不會有一種話到嘴邊卻被噎到的感覺。

有些人在對話談到十分投契的時候，會搶接別人的話，通過自問自答來說出自己想說的話，對方也許會在迷惑中心生不滿。也有人對自己的語言表達能力不自信，提出問題後生怕對方聽不懂，花費一大段話再去解釋問題，讓對方覺得有些厭煩。這都犯了傾聽的大忌。

所以，下一次在練習積極回應對方時，自覺、敏感地去看看對方的反應，去感受下對方的暗示。適當地約束自己的談興，才是出色的傾聽者。

巧妙的提問能
引導對方

傾聽中的提問有很多作用。有時候提問是借力使力，用簡短的提問順水推舟地讓說話者繼續話題；而有的時候，提問是為了對說話者所說的事實和細節有更深入的理解，更加清楚地明白對方的感受和想法。後一種作用更貼近於傾聽的本意——那就是讓對方更加敞開內心。

Kelvin 做完一天的工作後被上司批評了，回到辦公桌前沮喪地對 Peter 說：「這一天全白做了」這個時候如果 Peter 置之不理或者隨意安慰幾句，Kelvin 這種沮喪的心情估計會更加嚴重。但如果 Peter 問他：「為什麼要這麼想呢？」從而讓 Kelvin 把自己的價值觀和重視的問題都傾訴出來，這個時候 Kelvin 因為得到了傾訴機會，感覺自然會好很多。要知道，當一個人處於壓力和悲傷之時，用提問可以讓對方一步一步梳理情緒，找出癥結，能有效地化解壓力。

同樣，很多初入職場的年輕人會覺得難以適應職場的生存狀態，如果你不是一個性格外向的人，大可不必強迫自己去找話題，你可以試着通過有效的傾聽去了解周圍的人，融入大家。

在傾聽中，大可不必強迫自己去找話題，在認真傾聽的時候提出一些實質性的問題，足以讓自己了解到事情的真相和對方隱藏的情感。

在向說話者提問前，先在腦中進行分析和整理，再用提問來判斷對方需要的是怎樣的回應，最後給出合適的安慰和引導。

用提問引導對方

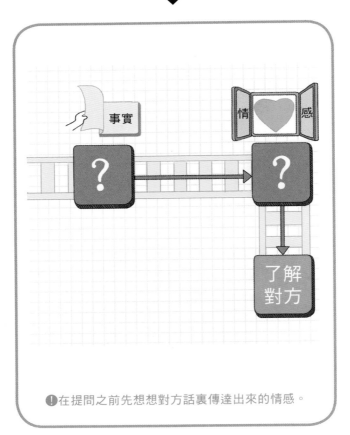

❶在提問之前先想想對方話裏傳達出來的情感。

在你進一步用提問來了解對方之前，最好先在腦中整理一下對方話語中的意思，在腦海中用自己的語言複述說話者的信息，並不增添任何新東西。然後再思考一下你希望通過提問來了解對方的哪些方面，是當時的心情，還是當時的場景細節……確定需要了解的內容後，根據不同的情況用不同的方法。

1. 讓對方想出當時的客觀事實。

有的傾訴者往往一時沉迷於自己的情緒中，敘述時太過主觀。冷靜而溫暖的提問可以幫助對方冷靜下來，從而想出當時的客觀事實，整理出更加實際有效的解決思路。

2. 了解對方隱藏的情感。

還有一種提問，可以挖掘出對方隱藏的情感。有時候的敘述，只是對事實的描述，而說話者的情感、意見、觀點等卻並不明顯。這種情況下如果貿然回應，或是做些模棱兩可的分析，反而會讓對方感到不快。所以，用試探性的口吻向對方提問，會如抽絲剝繭般讓對方將隱藏的情感顯露出來。

傾聽時給予對方的分析和忠告，需要建立在對他充分了解的基礎上，在傾聽的過程中通過提問來判斷對方需要怎樣的回應，才能給出春風化雨般的安慰和引導。

教你如何正確使用萬能提問句

我們在本章中講述了如何在傾聽中進行提問，可見傾聽並不是一味地「聽」，中間還包含着傾聽者的活動在裏面。但是在作為傾聽者的時候還是要記得不能「有失身份」，不能搶奪說話者的話題。如果想要通過提問來了解對話者的話，可以使用一些簡短的提問來操作。

傾聽對方說話時提問是個很重要的環節，好的提問不但能引導對話方向還能讓說話者感到滿足。但拙劣的提問反而會引起對方的不快，所以這裏準備幾種萬能提問句與大家分享：

1.「你為什麼這麼想？」

──「我覺得自己好失敗！」「你為什麼這麼想？」

──「上司一定是對我有什麼偏見……」「你為什麼這麼想？」

用這個句式提問可以精準地指向對方的內心，讓人不禁自問：是啊，我為什麼會這麼想？用提問去創造一個思考的機會，讓人暫時從激烈的情緒中抽身出來，找到情緒產生的原因，很多時候人就是在這樣的思考中豁然開朗的。

2.「具體是怎麼一回事？」

──「這個項目很可能要胎死腹中了。」「具體是怎麼一回事？」

—「和姐姐大吵了一架……」「具體是怎麼一回事？」

—「我要去英國唸書啦！」「具體是怎麼一回事？」

用這個句式能使對方接收到你的鼓勵，更加饒有興致地發散開去。這個句式會顯得傾聽者十分有耐心，也對說話者的話充滿興趣，激發對方的表達慾。同時，傾聽者自身也會對前因後果有一個了解，便於更好地結合事例去走進說話者的內心。

3.「你覺得哪樣較好？」

—「好糾結啊，這個小秘密到底要不要告訴她？」「你覺得哪樣較好？」

—「這個選題被反對了一次，所以到底要不要召集大家晚上加班重整一下呢？」「你覺得哪樣較好？」

這種句式將選擇權交還到了對方的手中，並不會因為傾聽而左右他的抉擇。被問到這樣的問題時，任何人都會陷入沉思中去考量一下究竟哪種選擇更為恰當。

其實，在對話中選擇怎樣的問法完全取決於對話當時的氣氛，所以，傾聽者察言觀色的能力顯得十分重要。在合適的時機問恰當的問題，是每一個需要提升傾聽力的人的必修課。不要怕出錯，多加練習，多觀察不同人的不同反應，相信你會總結出一套既萬能又適合自己的提問技巧。

萬 能 提 問 句

▼

情景

開會	聊天	訪談
匯報	⋯⋯	討論
會客	調查	採訪

萬能提問句

1. 你為什麼會這麼想？
2. 具體是怎麼一回事？
3. 你覺得哪樣比較好？

重點 Get！

▼

1

如果一個人說話，另一個人完全不提問，會顯得漠不關心，時而問問題會顯得很有意思。

2

用假設的提問來使對方變得積極。

3

簡短的提問能切實讓對方理解你想知道什麼，便於回答。

4

提問時附和對方的節奏能顧慮對方心情，加深雙方理解。

5

提問的目的是更好地讓對方說出自己的想法，所以要注意自己的表現慾是否過剩。

6

提問可以充分了解說話者隱藏的事實或者情緒。

善用提問句能夠幫助你更好地在對話中做一個傾聽者。

會議上尤其需要
傾聽力

會議是在工作中經常出現的環節之一，會議中如何做一個合格的傾聽者關係到會議進程的快慢和會議效果的好壞。要想有一個既高效又簡短的會議，就要發揮傾聽力的作用。所以如何在會議中使用傾聽力，我們就在這一章的內容裏討論一下。

傾聽的
四大效用

傾聽體現了你對對方的尊重，可以獲得新的信息，也能促發自己新的想法，更能建立寶貴的友誼。

很多人覺得傾聽者充當着服務的角色，認為傾聽就是給予。其實，一次好的傾聽可以得到大量的信息，傾聽的同時也是收穫。這種信息的收穫在會議中是經常能夠感受到的，比如在一場很重要的會議當中，如果你只是簡單地聽說話者說，而不能獲得信息的話，那麼你這次傾聽的活動就是失敗的。

善於傾聽的人一定能從傾聽中得到未曾意料的收穫。作為老師，從傾聽中會了解到學生的思想動態，真誠的溝通會收穫可貴的師生情，也會從學生的身上獲得新的啟發；作為上司，傾聽能讓你更懂你的員工，從而更好地引導企業的文化；作為朋友，傾聽能讓你成為別人心中寬容智慧的人，獲得更動人的友情。

毫無疑問，傾聽的作用遠遠大於我們的想像。傾聽不僅僅需要耳朵，更需要心，每一次發自內心的真誠傾聽，必然會帶給你和對方一次沐浴在冬日暖陽中的舒暢感 [11]。

如果你只是把傾聽理解為簡單地聽，而不去從傾聽中收集信息和分析問題，那麼你的傾聽活動就必定是失敗的。

會議內容

新的想法 ～～～

需改進：加強溝通

有價值的人 ～ ～～

❶會議中傾聽能夠帶給你不同的信息。

對於會傾聽的人而言，傾聽的效果是無限大的，在這個信息爆炸的時代，如果能從有營養的傾聽中得到有實質價值的信息，是多麼可貴啊！

傾聽的四大效用

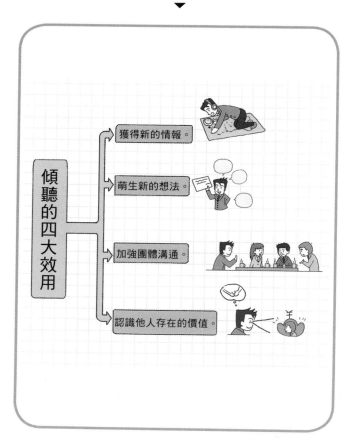

傾聽的四大效用

- 獲得新的情報。
- 萌生新的想法。
- 加強團體溝通。
- 認識他人存在的價值。

在會議中，傾聽有四大效用：

1. 獲得新的情報。

毋庸置疑，傾聽是直接獲得信息的途徑之一。比起閱讀和親身經歷，傾聽顯得更為高效。所以，一個好的傾聽者必然會成為一個見多識廣的人，也會因此擁有更為包容和開放的心態。

2. 萌生新的想法。

一個人如果在自己的思維裏固步自封，就永遠無法激蕩出思想的浪花。如果能不斷地傾聽，那麼也會更加容易萌生出各種新想法。與時俱進，才能有更廣闊的發展空間。

3. 加強團體溝通。

無論是職場還是生活，身處團體中的人時常會產生誤會和嫌隙，而靜靜的傾聽，擁有着巨大的力量，不僅可以緩和激烈的爭論，也可以引發心靈的共鳴。

4. 認識他人存在的價值。

現代這個信息爆炸的時代，每個人都熱衷於表達自己的觀點、想法、意見。傾聽，無疑是一股清泉，讓你慢下來去聆聽他人的聲音，去認識他人存在的意義。

五種不同的交流分析

作為傾聽者，表情和動作非常重要，但是對方對自己的印象也很重要。在接觸中，通常有五種不同的自我感覺，控制自己在對話中給人的印象也是一種提高傾聽力的長遠手段。

每個人都希望建立良好的社交形象。在傾聽時不同人的性格會展露無遺，學會認清自己的性格特徵、掌握一定的表現形式，可以有效地規避自己不自覺的弱點，提高自己傾聽的水平。

就好像林 Sir，在長期的會議活動中就能總結出他小組中每個人在會議中是哪一種傾聽狀態：John 總是帶着批判性，個性強硬喜歡反對；Wing 因為是女孩子，所以始終是以保守的態度表達自己的意見；Kelvin 因為才畢業沒多久，所以思想不夠成熟；Tony 比較服從，沒有什麼反對的意見；而 Peter 因為是林 Sir 的得力助手，所以一直很謹慎、理性。

所以你無論想在哪個方面進行提升，首先最重要的事就是了解你自己，其次才是了解對方。人們常說知己知彼，才能百戰百勝，所以說話前先在傾聽中了解自己很重要。

做自己是無可厚非的,但是不識時務地做自己卻十分愚蠢。知己知彼,才能百戰不殆,這句話放在傾聽當中也不無道理。

會議中的不同傾聽者的不同表現。

我反對!

這個想法好像很不錯呢!

我持保守意見。

林Sir說什麼都對!

應該還有其他更合適的方案。

在傾聽中，控制自己給不同的人帶來的不同印象，可以規避自己的弱點，提高自己的傾聽水平。

五種自我感覺

▼

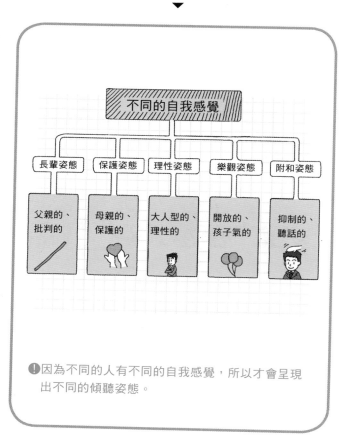

不同的自我感覺

長輩姿態	保護姿態	理性姿態	樂觀姿態	附和姿態
父親的、批判的	母親的、保護的	大人型的、理性的	開放的、孩子氣的	抑制的、聽話的

❗因為不同的人有不同的自我感覺，所以才會呈現出不同的傾聽姿態。

1.CP（critical parent）：父親的、批判的。

在傾聽中時常會用父親般審視的態度，喜歡在說話者的敘述中進行批判和指正。如果在傾聽中一直給人這樣的感受，會很容易引起對方的反感，極易不歡而散。

2.NP（nurturing parent）：母親的、保護的。

這種感覺的人就如同始終放心不下孩子的母親，用保護的姿態面對說話者。無論對方說什麼，都始終以保守的態度進行回饋，有的時候會讓人覺得沒有衝勁。

3.A（adult）：大人型的、理性的。

用成年人理性的觀點進行傾聽和反饋，有的時候即使雙方意見相反，也能讓對話在和諧輕鬆的氣氛中進行。

4.FC（free child）：開放的、孩子氣的。

擁有這種感覺的人就如同孩子，對所有事都持開放樂觀的態度。在傾聽中常會用驚喜、誇張的反應去進行反饋，有時會讓人覺得很熱情、很積極。

5.AC（adapted child）：抑制的、聽話的。

在傾聽的時候不敢發表自己的觀點，一味附和。長此以往，別人會認為你不那麼真誠，不願意分享真實的感受，也就會不願意對你傾訴。

善於傾聽的五大好處

善於傾聽的人一定是個包容的人,同時,也會獲得更多的信息、更好的人際關係。所以我們通常都會認為,善於傾聽的人擁有比較高的智商和情商。

林 Sir 帶小組成員去工廠視察,在新開發的生產線前,林 Sir 正在向大家介紹這一套新的流水線,其他的員工為了附和林 Sir,不停地在林 Sir 說話中途強行插話,這讓林 Sir 很不高興。唯獨只有 Kelvin 一人在認真聽林 Sir 介紹,並且還沒有跟着其他人附和。這讓林 Sir 瞬間覺得 Kelvin 成長了許多,變得更加穩重了。

善於傾聽的人會結合對方的具體情況給予不同的傾聽反應,這就體現出極高的洞察力和反應能力 [12]。在對方苦悶的時候,好的傾聽者會靜靜地讓他發泄;在對方高興的時候,好的傾聽者會一同興奮;在對方悲傷的時候,好的傾聽者會恰當地安慰……總而言之,一個善於傾聽的人會根據不同場合、不同的對象做出不同的反應,這正是一種十分睿智的生活哲學。

不要認為傾聽者的所得甚少，其實更多的時候，作為傾聽者獲得的好處比說話者要多很多。

職場就是一個濃縮的社會，做一個善於傾聽的人，會讓你獲益匪淺。

傾聽的五大好處

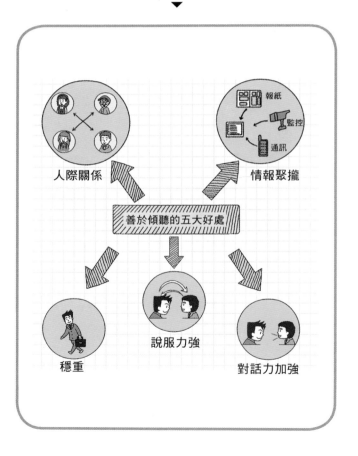

人際關係

報紙
監控
通訊

情報聚攏

善於傾聽的五大好處

穩重

說服力強

對話力加強

善於傾聽的人在工作上也會受益匪淺。

1. 人際關係容易建立。

這一點十分明顯，善於傾聽的人一定擁有更好的親和力，通過微笑、讚美獲得可貴的好人緣。

2. 情報容易聚攏。

善於傾聽的人會成功地獲取到多種信息，好的傾聽者能聽出許多言外之意，情報更容易聚攏。

3. 給人老練穩重的感覺。

善於傾聽的人一定也是個舉止得體的人，正因為他們懂得人心，才能在傾聽中給予說話者體貼的回饋，讓人覺得十分成熟可靠。

4. 說服力比較強。

不要以為一個好的傾聽者就是不善言談的，相反，一個善於傾聽的人往往更有說服力。因為他們懂得如何借力使力，如何順水推舟，如何用人們能接受的方法去說服人們。

5. 對話力也會相應變強。

善於傾聽的人因為見多了各式各樣的對話，會對說話之道產生更具體實際的深刻理解，懂得換位思考，對微小的肢體語言和表情也會更加敏感。

把聽到的信息整理到紙上

很多時候，傾聽也是情報的收集的過程。我們曾經說過，在進行反饋時，適當地做些筆記會讓對方覺得你十分重視這次對話，而於傾聽者自身而言，做筆記既能讓自己獲得深刻的思考，也能在事後有效地進行信息的匯集和整理。

很多時候，大腦能夠及時處理信息的能力有限，如果不能夠完全記住在傾聽中獲取到的內容的話，那麼一本筆記簿也許能夠幫助你。尤其是在會議中。會議通常時間長且需要接受的信息多，處理的問題比較多，需要用這種方法來提高自己的傾聽力。

中學課堂上，我們常會聽到老師這樣說：「來來來，不要只顧抄寫，聽我說。」確實，由於課堂時間緊張，學生們常常會因為抓緊時間記下黑板的筆記，而忽略老師的講解。其實，與其一字不漏地記下黑板上所有字，倒不如集中精神去聽老師的講解要更能領悟知識點。一些知識管理的書籍上通常會教大家用一些簡便的符號去做筆記，事後再進行整理，用來提高效率，但一般來說是用於會議、課堂、講座這樣的場合。至於日常對話中對聽到的信息進行記錄，只要借鑑簡單易做的步驟，就能達到高效準確的目的。

做筆記的方法一直以來都很受用，但是只顧做筆記而不注重提取和整理情報，這些筆記也幾乎如一堆廢紙一樣沒有利用價值。

傾聽時一頭霧水的樣子會給對方不好的印象。

在紙上記下聽到的內容會讓對方覺得你十分重視他。

學會用符號、關鍵詞、圖解等來做筆記，節約時間的同時還能讓自己迅速從中獲得關鍵信息。

傾聽時的記錄

▼

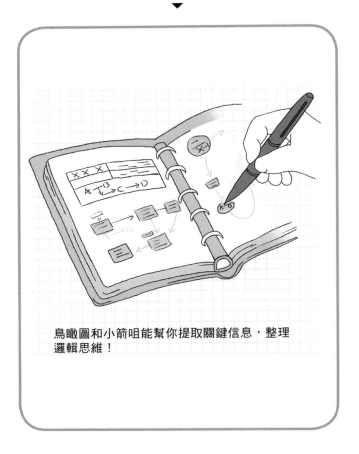

鳥瞰圖和小箭咀能幫你提取關鍵信息，整理邏輯思維！

傾聽不僅能廣泛地獲得各路情報，更為重要的是，聽取到情報要及時高效地整理。

高效地做筆記、畫圖可以幫助你整理聽取到的情報，具體的方法有以下兩點：

1. 整理到鳥瞰圖裏。

這是一種類似思維導圖的方法，將整個對話看成一個整體，將說話者的發言內容進行分段整理。將不同階段中的亮點、你不明白的地方、引發你思考的地方都記錄下來。這樣，事後一看，你就能迅速地回憶出這句話是出現在交談的什麼時刻，從而回憶出當時的想法，用於更深遠的思考。

2. 活用小圖標和箭頭。

有的時候，說話者的語速太快，或是談話的信息量比較大，用中文字一個一個地記下來時間上根本來不及。這種時候，一些簡單的圖示和箭咀就顯得尤為重要了。將對方的語義用小圖標表示，既有效率又一目了然。就如同學生時代做課堂筆記那樣，一邊聽一邊記錄一邊思考。

這當然是一個比較簡單的整理辦法，具體的做法可以參考《圖解整理力：快速學會 49 種整理技能》一書，把傾聽的作用發揮到最大。

修正會議討論中離題的軌道

「傾聽」在工作場合的作用,不僅僅是為你帶來好人緣,有的時候,傾聽可以讓工作更加高效,避免時間、精力、人力上的浪費。

每次集體開會,就是林 Sir 最頭痛的時候,因為 Kelvin 總是說着說着就離題,然後大家都跟着離題了,沒有人能把大家拉回正常的會議主題的軌道上來。

參加會議時,由於每個人都會發言,而每個人又會對別人言論裏的不同觀點產生興趣,進行展開或回應。這樣,就極容易出現說話者話題繞圈圈,或是會議的方向偏離主題等問題。這時,**一個從頭到尾做好傾聽的人就能在混亂中保持清醒,通過及時的提醒控制議題發展的方向。**

綜藝節目的主持人通常都有着自己的分工,比如一位負責插科打諢,而另一位就負責時刻將主線拉住,讓節目順暢地進行下去。

任何時候都需要有一個善於傾聽的人保持着稍許的「局外人」視角,將事件發展的軌道修正,讓一場談話或是一次會議做到「形散而神不散」,不被任何雜音所打斷。

在會議中，應該要有時刻保持清醒的「局外人」，對會議的主題進行監督和議題進行時的修正。

沒有合適的傾聽者修正軌道會讓會議無限延長。

有傾聽者修正議題軌道就能確保會議順利進行。

如果你想提高自己的傾聽力，那麼可以嘗試著讓自己在會議中做那個時刻保持清醒的「局外人」。

修正會議中的軌道

▼

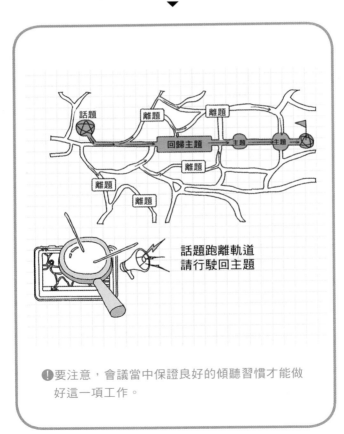

話題　離題　離題

回歸主題　主題　主題

離題

離題

離題

話題跑離軌道
請行駛回主題

❗要注意，會議當中保證良好的傾聽習慣才能做好這一項工作。

開會的時候，傾聽做得最好的人往往能勝任軌道修正的任務，避免會議離題。比如：

1.「剛剛的說明還不能讓人完全理解，請……」

同事 A 在會議上，發表了關於上一季度的財務情況的話題，另一個部門的經理對他發言中提到「部門間協作」的說法很感興趣，便插話進行自己的闡述，而本次會議的重點議題是找到上一季度的客戶量縮減這一問題的解決方案，其餘的都不是重點，為了將會議拉回正題，可以說：「剛剛的說明還不能讓人完全理解，請談談客戶流失最多的那一週發生了什麼事好嗎？」

2.「作為 AA 的延長線，關於 BB 能跟我們介紹一下嗎？」

這也是一種掌握會議主線的有用句式，這種說法可以讓會議的層次不斷地深入。如果你是某個廣告項目的負責人，正在傾聽你的部下向你匯報的不同策劃案。其中一個部下也許太有想法了，從廣告策劃一下子談到了公司制度的優化問題，為了不打擊他的發言積極性，同時又把會議的正題找回來，你可以試着這樣說：「剛才的發言我覺得很有創意。作為互聯網營銷的延展，關於 AR 擴增實境的操作，你能給我們介紹一下嗎？也許我們可以用在這個項目裏。」

誰來終結
冗長的會議

工作場合中，經常會有會議，有時候會議的確能通過多方的交流解決很多問題。但有時候，問題並不都能直接在會議上得到解決，如果一直糾結於此，會議的時間就會無限制地延長。

由於開會時，各方都會專注於會議內容本身，而且為了在有限的會議時間內，能讓更多人有機會發言，所以經常會出現會上「你一言我一語」的局面。愈是這樣的局面，就愈難存在傾聽者的身影。其實，當會議進行到白熱化的階段，一些懸而未決的問題極待處理時，**一個傾聽到位的人能做到簡潔地總結，將任務劃分後，從而就能迅速地結束冗長的討論。**

這次關於公司採購的會議，已經進行了整個上午了，大家都有些疲乏，但由於始終沒有定下某個方案，所以還在進行着比對和討論。這種時候，一個從頭到尾都在專注傾聽的人會心中有數：「今天的會議先到這裏，這個問題下次再討論。」這樣的提議一出，相信所有人都會鬆一口氣。人在緊張的會議中繃緊了神經，也許想不出什麼好念頭，會議後在較為放鬆的小組討論中，也許會上的問題就能迎刃而解了。

會議確實能通過交流發現很多問題，但是冗長的會議對解決這些問題毫無用處。

會議愈來愈長，還沒結束。

我們繼續剛才的問題⋯⋯

傾聽者出來整理並結束會議。

好了，今天的會議就到這，這個問題下次再談。

在會議上遲遲尋求不出解決方案時，「局外人」能立刻變身會議的「終結者」，讓冗長的會議畫上句號。

會議「終結者」

▼

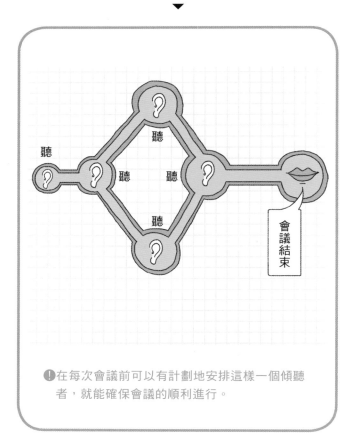

❗ 在每次會議前可以有計劃地安排這樣一個傾聽者，就能確保會議的順利進行。

終結會議時，也需要一路傾聽、追蹤到最後的人，來把話題拉回到結尾。

很多時候人們會覺得傾聽是一件被動的事情，如果我們帶着主動的心態，傾聽也能成為主動出擊的武器。當會議的其他人都在發言，一個靜心傾聽的人其實會有很多樂趣——比如觀察激烈辯論時不同人的性格，或是遇到問題時責任方是如何用語言推諉……觀察會帶來更多的思考。同時，學習別人的說話技巧也是提高傾聽力的一個方法。所以，一個在會議上寡言的人，其實也許是收穫最多的人。

就像前面的例子，如果一個艱難的會議中，沒有一個頭腦始終保持着清醒的傾聽者，那麼會議就恐怕會持續很久都不會完結。這個時候只要有能力的傾聽者及時把會議的主題找回來，把大家的問題都羅列出來，這些問題都會迎刃而解了。

最為重要的是這些人由於有着身處局外的視角，往往會比較客觀實際，**在所有人都陷入思維定式的時候，往往由傾聽者挺身而出，提出有建設性的意見，去終結毫無結果的冗長會議。**

教你如何發現傾聽中出現的問題

訓練自己的傾聽力不只是一時的實現目的，也是提高自我修養的過程。因為在細心傾聽的過程中，你能夠發現很多平時注意不到的問題，比如立場不同、價值觀不同、性格不同的人之間差異十分明顯。而你每次扮演着毫不關心的角色或者不耐煩的角色時就會錯過很多機會。

所以平時傾聽實踐中可以嘗試發現以下不同方面：

1. 雙方知識結構的差異。

每個人的背景、家庭、成長經歷、文化水平都各有不同，因此，每一個人的知識結構都存在着差異。交流、溝通的過程往往能充分體現出一個人的知識結構，因此，傾聽時我們往往能聽到一些聞所未聞的知識。無論對方的學歷高低，都應該給予尊重和理解。

2. 來自不同立場下的制約。

人身處的不同階級、所代表的不同利益、不同的立場等，都會對人存在着制約。這種時候，如果站在不同立場，就很容易產生衝突。傾聽則是潤滑劑，在劍拔弩張的關頭，適時的傾聽能夠化解細小的矛盾，求同存異才是溝通的目標。

3. 多樣化的價值觀。

即使是同一個家庭的兄弟姐妹，人生觀、價值觀也會不盡

相同。現在很多人習慣輕易地去批判別人的觀點，認為只有自己的觀點才是對的。其實，多元的價值觀都有其形成的原因，不能武斷去批判，也不能因此就在傾聽中存在偏見，如果是這樣的話，是無法達成溝通的。世界如此多元，價值觀也會因此而多彩。對於你實在無法同意的觀點，靜靜去聽就好。

4. 性格的不同。

人與人的日常交往中，很多矛盾和誤解其實都是因為每個人的性格不同。關於民族、宗教等敏感的話題，因為一般人都會在溝通中有所避諱，所以矛盾也多不會因此而起。相反，正是因為人們對小事持有放鬆的態度，才會發現同一件事，不同性格的人會有完全不同的反應。傾聽時，通過觀察和試探性的反饋，可以大概勾勒出對方的性格特徵，以此來選擇合適的反應方式。

「龍生九子，各有不同」，而且即使是相同的人，在相同的時間，遇上相同的問題也可能產生不同的心境，所以在作為傾聽者面對不同的人群時，也要懂得區分他們之間的區別和差距，然後根據這些區別和差異針對不同的人，做不一樣的傾聽者。

傾聽中就只有這幾種問題嗎？

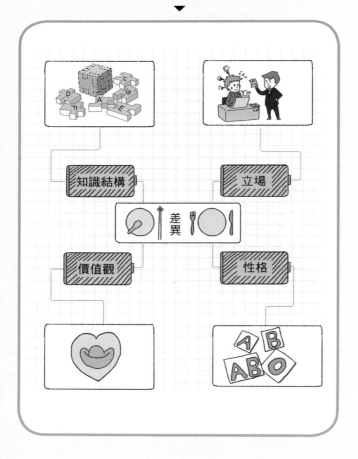

當然還會出現其他問題，遇到問題的時候綜合總結一下總是能想到解決辦法的。

重點 Get！

▼

1

傾聽在會議中有四大效用。

2

學會利用不同的自我感覺來提高自己在對話中給人的形象。

3

同樣的兩個職場新人，善於傾聽的人獲得的好處多於不善於傾聽的人。

4

傾聽時做些筆記既能讓對方感到你的重視程度，又能提高情報收集的效率。

5

從頭到尾做好傾聽的人能保持清醒地控制議題的方向。

6

終結會議時，也需要一路傾聽、追蹤到最後來把話題拉回、結尾。

傾聽中的問題不止這一兩點，可以在傾聽中不斷地發現和總結。

你不得不知的
傾聽技巧

在前面的內容中我們跟大家分享了許多傾聽的規則和傾聽的注意事項，但其實在對話活動中有很多傾聽的小技巧是可以使用的。那麼，在這一章裏我們就來給大家傳授一些在傾聽當中可以用到的小技巧，希望大家在對話活動中能夠正確地使用這些小技巧，獲得不一樣的對話體驗。

用開放式問題
刺激對方思考

在日常社交中，你是否有想通過與社交對象打開話匣子，從而加深對社交對象的了解呢？此時，能夠刺激對方思考的開放式問題便派上用場了。

公司新人 Kelvin 很想和大家熟絡起來，多了解大家一些，可是每每想要上前搭話卻不能成功。比如看到同事 Wing 最近常捧着一本書在讀，本來想以「這是誰的書？這本書好看嗎？」的問句引出話題與 Wing 深入探討一下，卻被 Wing 幾個簡單的回答終止了話題。但在同樣情況下，公司前輩 Peter 卻提出「這本書是講什麼的？什麼地方最吸引你呢？」這種開放式的提問，常常能夠帶動 Wing 與其進行深入的討論。

開放式問題是指一些不能只用 「是」、「不是」或者簡單答案來回答的問題。Peter 這種開放式問題，不僅能夠獲取更多關於書的信息，也能夠了解 Wing 對這本書詳細的見解與評價，同時話題得以展開繼續。在這個回答中，Wing 也受到 Peter 問題的引導，思考並回顧了書的內容，明確了自己的想法。

傾聽者提出的問題過於簡單，會讓說話者沒有回答的慾望，而且這種封閉式問題會限制說話者的思維，導致他們給出的回答對傾聽者並不會產生多少價值。

在提問的時候，一定要避免唐突的問話方式。

開放式問題

▼

是什麼

為什麼

地點

時間

對象

方法

❗開放式的問題更能夠刺激對方思考，在傾聽時就要注意待會兒要提什麼問題。

那麼，傾聽者如何提出開放式問題來引導說話者傳達更多信息呢？

首先，你作出的提問需要使說話者對有關事情進一步的描述，從而讓傾聽者得到一個能夠把握事情大體內容的全面視角。這就好比 Kelvin 和 Peter 都想引出話題獲取信息，但不同的提問，得到的是不同的效果。「這本書好看嗎？」和「這本書是講什麼的？」這兩個問題，前者只是得到說話者粗略概括的主觀感受，而後者可以通過說話者對書內容的複述獲知一個客觀主體事實。

然後，在大致了解事情全貌之後，傾聽者可進一步將說話者的注意力轉向事情中比較具體的某個方面。「這本書什麼地方吸引你？」、「是什麼原因讓你改變了想法？」……試着用「為什麼？」、「什麼？」、「如何？」等諸如此類的開放式疑問詞促使說話者進一步思考後再作答，傾聽者在這個過程中也更容易得到有價值的詳細信息。

當然，日常社交中的開放式問題需要避免以唐突方式問話。在圍繞相關事情的情況下，自然地問出問題，引導說話者主動將話題進行下去，才能更有效率地收集到更多的信息。

關鍵時刻請用
封閉式問題

你是否遇到過這樣的情況：在一場談話中，說話者迷失在話題展開的眾多思緒之中，話題變得像迷宮一樣，讓說話者和傾聽者雙方都感到迷茫疲勞？那麼請在關鍵時刻，使用封閉式問題來收窄說話者偏離主題的思緒吧。

Kelvin 向 Wing 咨詢工作上的一些問題，Wing 認真傾聽，可是 Kelvin 糾結的性格使他的思緒逐漸混亂，話題幾次偏離至生活煩惱上……時間過去了，咨詢的事情並沒有進展。這種時候該怎麼辦呢？這時 Wing 找準時機，問道：「Kelvin，所以你接下來的工作目標是要在下週把銷售數據分析報告交給林 Sir 對嗎？」

Wing 突如其來的提問仿佛是迷霧中的一點亮光，照亮了 Kelvin 混沌的思維。Kelvin 立刻意識到此時談論的話題與之前的目的相悖了。就這樣，Kelvin 的話題在 Wing 封閉式問題的扭轉下，朝向正確的方向進行下去。在這場對話中，Wing 作為一名傾聽者成功地引導了對話走向，收集到實用信息，有效解決了 Kelvin 的問題。**傾聽者並不是被動的一方，傾聽力可以讓傾聽者成為非常主動的一方。**

封閉式問題的優點一方面是幫助說話者把偏離主題的話頭牽引回正題，另一方面是幫助傾聽者自己收集信息確認事實。

封閉式問題與開放式問題

▼

封閉式問題	開放式問題
· 你是不是不開心？	· 你為什麼不開心？
· 你了解我們的品牌嗎？	· 你覺得我們應該怎麼改進？
· 你是不是不認同？	· 你能談談自己的想法嗎？

人們往往認為說話者才是主動的一方，其實不盡然。傾聽者作為「局外人」，有時反而具備更明晰的、理智的判斷能力[13]。那麼傾聽者如何在關鍵時刻提出封閉式問題從而引導談話的主題呢？

第一，需要在不失禮的情況下找準時機提出封閉式問題。如果說話者正在侃侃而談，猛然打斷話題插入總結性問題，顯然是不禮貌的。雖然快速直接，但會給對方「我是不是說得太多了？」、「他是否已經不耐煩聽我說了？」等感覺。這時比較周全的做法，應當是在說話者結束一段內容後的間隙，溫和堅定地提出傾聽者的封閉式問題。這樣既顧及了說話者的面子，又達到了傾聽者主導話題方向的目的。

第二，用總結性的話語帶出針對說話者的封閉式問題。「所以接下來你的目標是 XXX，對嗎？」、「所以你認同他的做法，是嗎？」……這些既帶有總結性功能，又在一定程度上重述了說話者的意思，最後以確認形式收尾的問題，能迅速提高話題進行的效率，能幫助傾聽者收集信息確認事實，把說話者偏離主題的話頭牽引回正題。

關鍵時刻提出封閉問題，看似簡單，但亦考驗傾聽者的傾聽能力：在對話中不會隨着說話者的眾多思緒神遊八方，而是快速、準確、果斷地把握關鍵問題。

傾聽也要「因人制宜」

「因人制宜」的態度也是傾聽技巧中必不可少的一部分。

作為社會中的一員，我們在社交活動中常常需要面對不同的場合、不同的說話者，因此也常常需要通過扮演不同的社會角色來應對不一樣的社會關係。對話作為交流最基本的手段之一，傾聽者的傾聽力也決定着他們能否構建良好的社會關係。

公司裏初來報到的新人 Kelvin，看到同事 Wing 年齡比自己小，於是聽她講話時漫不經心；看到前輩 Peter 開朗熱情，於是聽他講話時嬉皮笑臉；接待公司來訪者時，因為業務不熟而慌慌張張……這樣的傾聽態度顯然是會阻礙 Kelvin 社交關係的進行的。同事 Wing 感受不到 Kelvin 的真誠，與他疏遠關係；Peter 感受不到 Kelvin 的認真，不敢委以重任；公司來訪者感受不到 Kelvin 的專業性，對他的業務能力也會打上問號……

可見，「因人制宜」的傾聽態度相當重要！

反之，如果 Kelvin 以真誠的態度傾聽 Wing 講話，以認真的態度對待 Peter，以冷靜耐心的態度對待來訪者……想必傾聽所收到的效果也會 180 度改變。

這裏所說的「因人制宜」並不是「見風使舵」，而是根據不同說話者的身份選擇正確的傾聽方式。

如果不能準確地判斷對方的社會角色，以專注冷靜的態度進行傾聽也是不錯的方法。

因人制宜

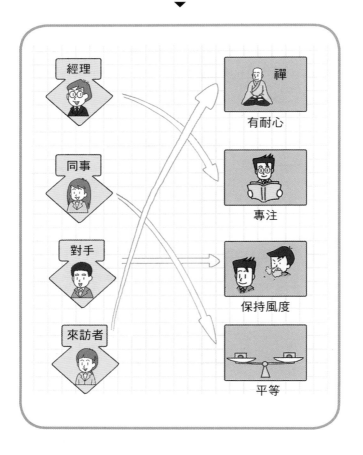

經理

同事

對手

來訪者

禪　有耐心

專注

保持風度

平等

那麼面對不同的說話者，我們如何從傾聽的態度上獲得更好的傾聽效果呢？正所謂「察言觀色」，指觀察別人的說話或臉色，多指揣摩他人的心意。在這個過程中，傾聽者的態度自然是說話者是否願意繼續表達下去的關鍵。

首先在傾聽開始前先判斷好自己和說話者所對應的社會關係。日常生活中或許沒有太多顧慮可輕鬆對待，但在工作場合如果沒有事先判斷好對話進行時的社會關係，就很容易出現前面 Kelvin 的問題。

其次，選擇不同的傾聽態度對待不同的交流對象。聽經理講話時，以專注謙虛的態度傾聽；聽同事講話時，需要真誠平等；聽競爭對手講話時，以保持風度的沉着態度為佳；聽公司來訪者和客戶講話時，應當耐心冷靜……即使是不能快速察言觀色的人，選擇好恰當的態度基調來傾聽說話者，也可以將交流更有效率地進行下去。

傾聽力的「因人制宜」並非一種偽裝，可以將這種「因人制宜」的態度理解為說話者與傾聽者之間社交的潤滑劑。

傾聽時的
90°直角

大家有沒有注意到一個問題：在平常的交流活動中，通常與交流對象的交談時的位置安排是怎樣的？是面對面的情況多？並排的情況多？還是呈 90°直角的情況多呢？

Peter 作為 Kelvin 的前輩，因為共同開發一個項目，所以時常會私下與 Kelvin 討論工作，但是 Kelvin 最近有些煩惱。二人私下開會時，Peter 常坐在 Kelvin 正對面的位置說話，Kelvin 傾聽時的反應和一舉一動都盡收 Peter 眼底，這讓 Kelvin 不由自主地拘謹起來，且一桌之隔的距離也影響了 Kelvin 接受信息的能力；有時兩人會並排而坐，Peter 說話時需要側過頭才能看到 Kelvin 給予他的反應，而兩人需要更多溝通時，還需要兩人同時側過身面對面才能有效溝通，這種比鄰而坐的情況讓職場新人 Kelvin 更為緊張⋯⋯所以不管是哪種位置安排，Kelvin 傾聽和收集信息的效率大大降低。

說到這裏，想必不少人在工作中應該也有與 Kelvin 類似的尷尬。面對面覺得過於緊張且有礙交流；並肩而坐又覺得緊張和尷尬，所以在一般的社交場合或職場中，傾聽者與說話者處於 90°直角的位置是最有效率的交流位置。

不要忽視對話中的位置安排。合理的位置能幫助對話雙方順利地接收完整信息，同時也不會讓雙方感覺不適。

面對面談話拘謹。

並排而坐交流不便。

呈 90° 直角最合適。

一般情況下，說話者和傾聽者的位置保持 90°的直角最合適，這種距離能明顯地提高交流效率，從心理學上來說也會給人放鬆的感覺。

傾聽的最佳距離
▼

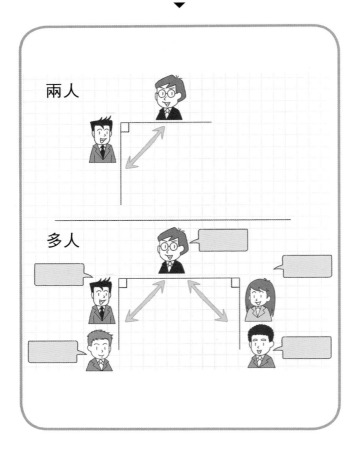

乘坐交通工具時，不願參與交流的人，常常會選擇坐在窗邊的位置；和朋友相處交流時，大家喜歡並排坐在一起，親近且易於交流。那麼在一般的社交場合或職場中，為什麼說90°直角的位置最有利於傾聽者與說話者的交流？如何從位置上做到傾聽的效率最大化呢？ 有兩種情況：兩人和多人。

第一種情況：如果只有兩個人，傾聽者和說話者可分別坐在桌角兩邊，並靠近桌角。面對面的位置容易讓人聯想到非常正式的場合，從而使傾聽者拘謹起來；而並排的位置往往容易使雙方產生視線盲區，不利於傾聽者從說話者的表情讀取更多深層次的意思。90°直角的位置安排，則可以解決前面的問題；同時在說話者傳閱分享文件時，也更利於傾聽者及時把握信息。

第二種情況：如果是多人的情況下，說話者可置於桌子的一端，傾聽者則分布於桌子的另外兩端，形成兩個90°直角的分布為最佳，這樣不僅可以讓說話者處於凸顯位置，也可以讓傾聽者們更容易找到集中注意力的方向，也能促使說話者積極思考從而表達更多有價值的信息。

90°直角的這種距離能明顯提高交流效率，讓傾聽者獲取更多信息資料。

有鑑別地傾聽

現代社會網絡發達，我們每天都會面對並處理大量的信息，大到國事外交，小到個人瑣事。在這龐大的信息流中，精力有限的我們必須有選擇性地接收對自己有用的信息，而不要費時費力地去處理對我們無用的信息。同樣，對話交流也是一個信息的接收過程，有鑑別地傾聽也是高效獲取知識點的關鍵。

很多時候，對話發生之前並不是所有人都有準備，不少喜歡邊想邊表達的人，會在說話中塞入各種信息，沒有親身經歷過的人喜歡道聽途說，這時作為傾聽者全盤接受說話者的信息顯然是不可取的。

Wing 開始找工作前喜歡和大學宿舍的室友談論面試經驗。大家七嘴八舌說得很熱烈，不過大部分信息都糅合了主觀臆想。就連行業老前輩的一句抱怨，也被眾人傳來傳去。「開始……可是呢……」、「然後啊……然而……」、「聽說……結果……」Wing 認真地傾聽着這些對話，並從中總結出例如守時與衣着的重要等有用信息，所以在隨後的面試和工作過程中，給面試官留下了良好的印象。

如果對說話者的談話不加以鑑別，全盤接收的話，就會浪費許多可貴的時間，也會讓自己的思路變得無比混亂。

在宿舍討論面試經驗，注意聽就能抓住重點。

每個人處理信息的習慣和能力不同，大家要根據自身的情況和對話時所處的情況來選擇合適的鑑別方法。

有鑑別的聽

▼

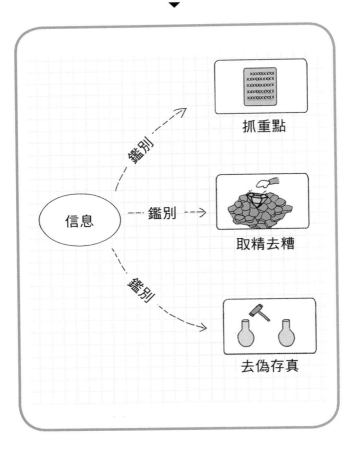

主要有三種方式：**抓重點、取精去糟、去偽存真。**

第一種是要學會抓重點。在學生時代，大家只會在老師說明「這是考試的重點」時才會用心聽課，覺得只要不是考試的內容就無所謂。所以，如果你作為傾聽者，一段對話中當你覺得某一段內容是重點的話，可以仔細去聽，而不需要用過多的時間去處理對自己不重要的內容。

第二種是去其糟粕，取其精華。一段對話中往往會有閒談的部分和用心講述的部分。如果只是一些客套、不合理或者無關緊要的內容就不需要去仔細處理，只選擇對話中的精華部分，因為精華部分才是對自己有利的信息。

第三種是去偽存真。對說話者提供的信息做出「是」與「否」的判斷。先想想對方說的話是真是假，或者是否符合自己的價值與道德觀念，如果不是，那麼問題出在哪裏，能否改進為己用；如果是，自己又可以如何運用這個信息。

當然，每個人作為傾聽者選擇信息的習慣不同，這三種方法既可以同時使用，也可以分開配合使用，可以根據自身所處的情況來判斷使用方式。

讓傾聽
變得高效

「為什麼剛剛對方講了那麼多，我卻沒有聽進去多少？」

有的時候你會不會有這樣的困惑：明明說話者講了很多重要的東西，自己聽着聽着卻走神了，或者左耳聽進去右耳飄出來，最後對話結束後卻發現自己錯過了很多內容。

公司總部的經理來到 Kelvin 所在的分公司進行視察，林 Sir 安排 Kelvin 去為經理做一個簡短的採訪，便於刊登在公司的內刊上。Kelvin 在採訪的過程中，全程是「發呆」的狀態，不僅抓不住經理說話的重點內容，還總是失神地重複問同一類型的問題，讓經理十分不滿。

Kelvin 出現這樣的情況便是傾聽效率低下所導致的。交流雙方花了時間與精力，可是卻事倍功半，收益不大。傾聽效率低下將直接影響職場中的社交關係，「為什麼我說了這麼多，對方卻聽不明白？」說話者會對自身和對方產生懷疑，甚至對傾聽者產生不滿。也許當時傾聽者太馬虎，以不懂裝懂結束對話，但是因為從一開始接收信息的效率上已受到影響，必然也將影響到隨後的事情進展。「為什麼我明明交代並提醒過的事情，對方卻辦不好？」說話者依然會對傾聽者的能力打上問號。

高效的傾聽一定是以充分理解對方的話和仔細思考為前提的，想要練成高效的傾聽力，需要時刻提醒自己這三點。

提高傾聽的效率

▼

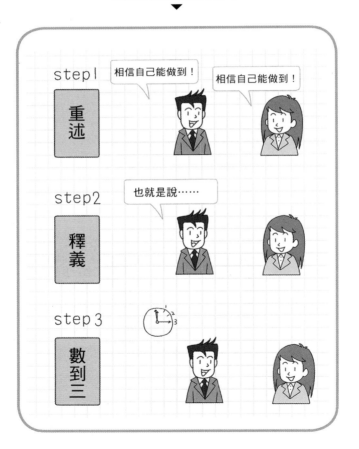

工作和社交場合中，怎樣做才能讓自己的傾聽力變得高效呢？具體做法有三個步驟：

1. 重述

在適當的時刻，原原本本地將對方說的話重複一遍。注意不要打斷說話者正在說話時的思緒，而是在說話者的重點斷句之後插入重述。這樣做的目的是向對方確認關鍵內容，提醒自己作為傾聽者去主動思考理解。

2. 釋義

用自己的方式將對方的話在腦海中重複一遍，以確認自己是否理解正確。這一點比重述稍有難度，因為釋義需要傾聽者積極動動腦筋，不僅反省自己的理解，也要從別的角度核實說話者表達的內容。釋義在一定程度上比重述更能鍛煉主觀能動性，與傾聽力的提升相輔相成。

3. 數到三

思考過之後，需要在自己開口前先數「一、二、三」，這一短暫的延時能使你在做出反應之前充分吸收並理解對方的話，同時也向對方表明你對他以及自己說的話是經過思考的，讓對方由此感受到你作為傾聽者的真誠，使說話者更願意與你深談下去。

教你**不可忽視的傾聽原則**

在前面我們向大家介紹了幾種傾聽的技巧，除此之外還有什麼關鍵策略呢？在這一節我們將介紹一套傾聽原則，以助於將傾聽技巧帶入並運用在交流中。

1. 專注

與其說「專注」是一種傾聽技巧，其實它更是一種實用的保證交流順暢的鐵則。集中精神，是接下來傾聽技巧得以運用的基礎。如果在和他人的交流過程中，作為傾聽者的你時不時看看手機，漫不經心地打打哈欠……必然會讓說話者產生類似「對方並沒有把我的話放在心上，我還有必要和他說下去嗎？」這樣的想法。專注的態度基調不僅為交流雙方的感情合作奠定基礎，同時也可以幫助傾聽者在傾聽過程中理清說話者的邏輯。所以，我們常說「三心二意，事倍功半」，如果在傾聽的過程中不專注，會讓我們錯過很多重要的信息。

2. 同理心

交流是雙向的，通道的一方閉塞了，溝通也就難以進行了。在說話者傳輸自己的意思時，傾聽者可以將自己置於說話者的位置，讓自己體會說話者的立場和感情；從說話者的出發點理解，分析對方為什麼要這麼說、這麼做……這樣

的同理心可以使傾聽者更快更好地完成信息的處理，推進溝通。不同的社會角色，不同的環境關係，不同的看待問題的角度，有時也會讓人們對同一問題的處理方式出現分歧。社交或工作場合中，有時我們覺得說話者做出的分析與決策不易理解、甚至違背自己的想法時，可以在傾聽中用同理心來使交流進行下去。

3. 接受

這一點看似容易，但其實常常會被我們自己不由自主地否認，那就是客觀傾聽，不要先入為主做出判斷。在本章第五節的內容中我們討論過對聽到的信息做出「是否」、「真偽」的判斷，但請注意不要混淆這種判斷。這裏的接受原則強調的是，避免讓我們內在的固有思維拒絕外來的新信息。就好像一個新任務，有的人還沒有開始做便否認可行性、否認自己的能力。「他的說法一聽便是錯的，太可笑了，我不能接受」，這樣先入為主的想法往往會阻斷溝通。靜下心來，客觀地聽對方說完他的全部想法，然後再思考判斷，有時你會忽然恍然大悟：「啊！原來是這樣，原來對方是這個意思，我怎麼沒有想到呢？」你看，接受原則能夠讓我們在交流傾聽中避免失去重要的新信息。

4. 完整

完整原則緊隨接受原則。因為上面我們已談到不要以固有觀念先入為主，而是客觀聽取對方全部想法再做思考判斷，此時即是完整原則的登場：從傾聽中獲得說話者所要表達的完整信息和意思。這是防止傾聽者斷章取義，從而產生誤解並失去接收寶貴信息的重要一環。大家記得「盲人摸象」這個成語嗎？對事物只憑自己主觀的片面了解，就亂加猜測，是不可能知曉事物全貌並做出全面判斷的。

以上即是傾聽力的四個不可忽視的基本原則。大家作為傾聽者參與交流的時候，可以根據不同情況靈活運用這些原則，使交流更有效率，同時將有價值的信息盡收囊中。

[簡單實踐法]
傾 聽 四 原 則
▼

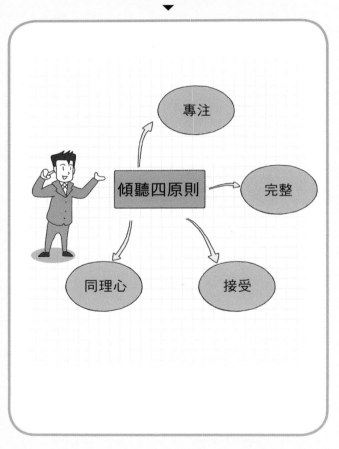

重點 Get !

▼

1

開放式問題能讓說話者自由發揮，因此傾聽者能收集到生動的資料。

2

封閉式問題能把說話者偏離主題的話頭牽引回正題。

3

面對不同的人，傾聽態度也要不同。

4

最適合的位置是雙方處於 90°直角的兩方，更利於說話者與傾聽者的感情交流與溝通。

5

對於不做談話前的準備、喜歡邊想邊表達的人，傾聽者需要在用心傾聽的基礎上進行鑑別。

6

傾聽變得高效對你更有幫助。

掌握好傾聽的四個原則、六大重點，這樣在傾聽時就會少犯錯，構建良好的傾聽基礎。

CHAPTER **7**

傾聽時的
小細節

傾聽力的小技巧大家都學會了嗎？

但是知道了這些小技巧之後也不能忽視在傾聽的時候需要注意的小細節。正所謂「細節決定成敗」，所以也不能使用了小技巧卻在細節上犯了錯誤。那麼在這一節中，就來向大家介紹一下一些傾聽中需要注意的小細節。

注意「我也是！」式的插話

對於大家來說，學會傾聽的意義在於緩解人際關係，解決生活中遇到的矛盾。

職場新人為了融入新的工作環境，尋求歸屬感與旁人的認同，往往會迎合他人，想要積極地表現自己，希望自己能參與周圍的每一件事，十分在意周圍人在聊什麼，對什麼感興趣，內心渴望加入他們的談話活動中去。

因為 Kelvin 在學校是一個活躍的積極分子，當別人在高談闊論自己觀點的時候，他總能利用「我也是！」的句式順利地將整個話題的中心轉移到自己的身上，成為大家的焦點。這個習慣 Kelvin 毫無保留地在新公司也「展現」了出來。這天公司午休時，Peter 和周圍的同事說起了公司有哪些制度不完善，哪些地方需要改正的時候，一直在一邊聽着的 Kelvin 說：「我也是這樣認為的。」在大家都在認真傾聽 Peter 前輩說話時卻突然插進來這麼一句，Peter 接着說下去的慾望被打斷，大家也對這突如其來的插話措手不及，現場的氣氛陷入了一片尷尬之中。

愛插話的人在工作中是不會太受歡迎的,打斷了別人正在進行中的話題,給人一種以自我為中心、自以為是的印象。

校園中經常會出現這種搶「話題」的人。

但是在工作中這樣的情況卻不利於人際關係。

在自己表現慾旺盛的時候，在心裏告訴自己「一定要忍住」，等說話者把話說完以後再陳述自己的想法。

注意「我也是！」的話題

▼

不要搶走對方想說的話題

我也是

「我也是」共感的只是對方過去的心情，而並非現在

傾聽的最大敵人就是衝動，為了避免出現上述 Kelvin 犯的錯誤，在傾聽時需要注意以下幾點：

1. 不要搶走對方想說的話題。
你在傾聽對方的時候切記不要忘記這個話題的「主人」是說話者，即使你對這個話題也有很深的感觸，想要表達自己的觀點，也不要隨意地搶走對方想說的話題，而要耐心等對方說完後再來參與討論。

2. 「我也是」共感的只是對方過去的心情而並非現在。
很多傾聽者犯 Kelvin 這個錯誤的主要原因是衝動，只想着要表達「我也是」這種與說話者的共通感，而忽略了有可能說話者說的這段內容只是他在某個時間段或者曾經經歷某件事情的感受，而不是現在的真實心境。

3. 打斷對話是自己表現慾不被滿足的信號。
作為一個傾聽者，本應該先遵守禮儀待說話者說話結束之後再進行發言，若總是產生打斷說話者的行為，就應該自省一下是否是自己的表現慾沒有得到滿足。

不要在對方意猶未盡時更換話題

如果問傾聽能帶給我們什麼好處的話,那就是**我們愈會傾聽他人,他人就愈欣賞我們**,而作為回報,他們也會愈注意聽我們所說的內容。通過好的傾聽,我們能學到更多的東西。傾聽是一項能給我們帶來很多好處的技能。

這一天,在午間休息時,公司的同事在討論最近新出的休假政策,各自想着要如何好好利用多出來的假期。Peter 說起他假期想要陪家人旅遊,還說想去體驗野外生存時,一向喜歡看野外生存節目的 Tony 一聽,興奮地打開了話匣子:如何紮營,如何取火等等,說了將近大半個小時,Peter 見自己的話被打斷了,悶悶不樂地走開了。John 終於忍不住提醒 Tony 說再不吃飯就冷了,Tony 這才終止了話題,周圍的同事也像得到了解脫一般紛紛離開了。

所以,作為傾聽者,在對方意猶未盡的時候打斷對方並更換話題,是一件非常不好的事情。

在對方的話還沒說完時就奪走話語權，是傾聽力差的表現，如果此時趁機更換了話題，就會在對方心中留下極其不好的印象。

原本是 Peter 談論節日計劃，卻被 Tony 換了話題。

我很喜歡看野外生存的節目……

有表達的慾望是很正常的，但是要記住，在表達前一定要判斷好對方是否已經表達完畢，不要當一個「粗魯」的插話者。

不要隨意更換話題

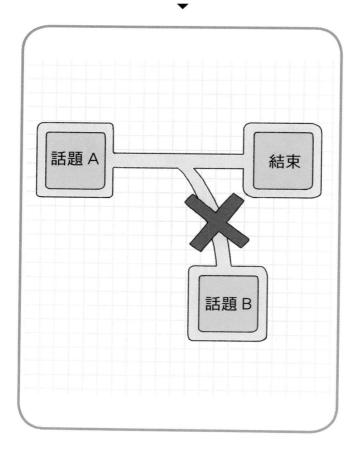

試想一下，當你準備了一大堆有趣故事想要向大家分享的時候，另一個人不僅打斷了你的對話，搶走了你的話語權，還更換了你的話題，你心裏會怎麼想？在對方意猶未盡的時候更換話題，搶了話題的中心，這樣的傾聽者是非常不合格的。

如果你覺得對方的話題中有自己非常感興趣的話題，想要得到話語權時，其實可以這樣做：對方說話結束前，不要用「說到這個……」來改變話題。

因為在你改變話題之前你是作為傾聽者存在的，傾聽者在傾聽的時候需要抱着尊重說話者的態度，即使你想要更改話題，也要等說話者將這個話題結束後，順勢得到話語權，變為說話者。如果在對方話題還沒有結束之前就突然用「說到這個……」這樣的方式來更改對方的話題，會讓場面瞬間變得尷尬。即使是你覺得這個話題非常好，但此時對你這個新話題感興趣的人又有多少呢？

所以在工作和生活當中，都需要注意這一點，才能做一個合格的傾聽者。

沒聽到的話
不要直接詢問

「剛剛你說什麼？」這樣的話在朋友、親人之間十分常見，大多數人都沒有在意這樣的話，對說話者的心情會產生不良的影響。試想一下，剛才你「激情澎湃」地說了大半天，而傾聽者不僅沒聽到你說了什麼，還反問你剛才說了什麼，此刻你會崩潰吧？

Wing 是個古靈精怪的女孩子，剛進入公司就受到了大家的喜愛，不僅是同事還有經理都容易被 Wing 樂天的性格所感染。可是 Wing 有一個「壞毛病」，就是每當跟她十分認真地說一件很重要的事情時，她天馬行空的思維就不在狀態了，等她反應過來的時候，隨口就會說：「啊，剛才你說了什麼？」、「我沒聽清你剛才說的意思……」這樣的話會讓大家覺得十分無奈，最後只得再花時間來和 Wing 解釋一遍了。

從上面的例子可以看出來，這樣的表達方式太直白的同時，還讓說話者有一種自己雖然在努力交流卻沒有被重視的感覺。**說話者最注重的就是希望傾聽者抱着真誠的態度與接納的心態聽自己說完每一段話。**

一句「剛剛你說什麼」「我不明白你在說什麼」會嚴重地打消說話者的熱情，會給說話者一種不被尊重和重視的感覺。

認真地思考對方說出的話，經過充分理解後，再找合適的方式去詢問，以真誠和接納的心態去對待傾聽。

不要直接詢問沒聽清的話

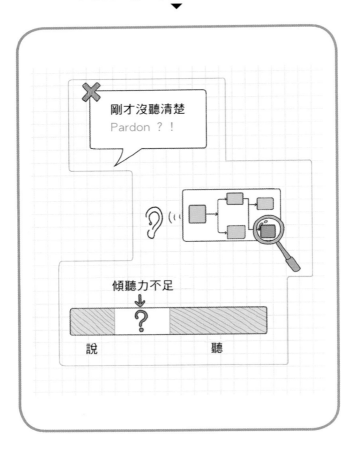

那麼為了避免出現和 Wing 相似的問題，可以注意以下三點：

1. 沒聽到的部分不要直接詢問。

出現漏聽或者沒聽清楚時，不要急着去問這些沒聽到的部分，可以先根據上文下理進行分析，或者找周圍的同事進行確認。

2. 確認自己的接受方式和理解方式是否正確。

如果覺得自己漏聽了或者沒聽懂對方在說什麼，可以先確認一下自己的理解是否正確。

3. 把對方沒說清楚的部分用自己的方式理解是不對的。

有的時候對方可能在某些內容上說得比較含糊或者簡潔，如果你本來沒有聽懂，卻以自己的理解方式去理解對方的說話內容，這樣做是不對的。站在對方的角度去想問題也沒錯，自己先試着理解也沒錯，但是不能一味把自己的理解當作正確的來處理。

其實在交流時，沒有聽清楚的部分，傾聽者可以用更禮貌的方式來彌補理解。例如，事後找說話者確認，或者在思索後等說話者說完一段話後再詢問，這樣不僅不會傷和氣，也能體現出傾聽者在盡最大的努力理解對方所說的話。

不要直接指出
對方的失言

相信很多人都聽過「溝通是一門藝術」這句話,而真正深刻理解這句話並做到的人卻不多。不看場合說話做事的人往往沒有好人緣,不合適的場合說出不合適的話,往往會令聆聽者的心情瞬間發生改變。在交談的過程中,並不是所有的人說的話都是完全正確的,所以當你感到說話者話語中有失誤的地方時你也不要立刻指出,因為這是對對方的基本尊重。

週一輪到 Kelvin 主持例會,因為是第一次主持,所以Kelvin 顯得很緊張。在同事 Tony 的鼓勵下,Kelvin 終於鼓起勇氣開始例會。前期雖然有點結結巴巴的,但是大家都很理解 Kelvin,積極配合 Kelvin 的會議進程。得到大家鼓舞的 Kelvin,語言也漸漸流暢起來,慢慢放開了心情。

然而在匯報臨時業務的時候,Tony 意識到 Kelvin 某個月的數字報錯了,於是在 Kelvin 說完一段話後,Tony 以自己理解有誤為由,請 Kelvin 再報一下剛才的數據。這時Kelvin 意識到自己剛剛數字報錯了,看到 Tony 鼓勵的眼神,Kelvin 重振旗鼓再一次匯報了一下剛才的數據,會議也繼續進行。會後,Kelvin 為了感謝 Tony,請他去吃了拉麵,兩人的友誼也因此更上一層樓。

在說話者失言時，不要不假思索地指出對方的錯誤，這會讓說話者十分尷尬，也許對方今後就不敢也不願意和你交流了。

不直接指出失言，是對他人莫大的尊重。這種寬厚得體的表現維護了對方的面子，也會讓對方對你的印象加分不少。

不要直接指出對方的錯誤

▼

除了像 Tony 這樣的「真朋友」，也有不給「面子」的人存在，那麼如何讓自己不成為破壞氣氛的那一個人，可以向 Tony 學習以下兩點：

1. 對方如果說錯了最好假裝沒注意，在不經意之間修正。

誰都不是聖人，誰說的話都沒有一貫的正確性，如果在傾聽的過程中意識到了對方的錯誤，也不要當面提出來，假裝不經意地提醒對方，才是一個合格的傾聽者。

2. 以自己理解有誤來維護對方面子。

在溝通的過程中，直言說話者的失誤，極有可能引發困窘尷尬的場面，從而影響交流的繼續。如果聽到對方的失言，最好不動聲色，在找到合適的機會之後再訂正，並委婉表達；也可以在對方說錯時，假裝沒注意，不經意之間進行訂正；甚至也可以以自己理解有誤為由，來維護對方面子。

在工作中，不管是平級之間，還是上下級之間，說話時用詞都要得當，語氣盡量柔和。傾聽者發現他人話語失言時也不要馬上衝動指出，要站在對方的角度幫助說話者改正發言，維護對方的面子，尊重他人的勞動成果。

切忌不假思索地評論

話裏有話這種情況在生活中特別常見，如果覺得一件事情不太好直接問出口的話，那麼很多人會選擇繞彎說或者旁敲側擊來求證。

Kelvin 和 Wing 同時加入公司，關係特別好。不管是做項目還是週末出去玩都在一起，久而久之 Kelvin 對 Wing 就產生了一種不一樣的情愫。Wing 是一個樂觀開朗的女孩，尤其是笑聲很有感染力，是不少男同事眼中的「女神」，Kelvin 卻是一個十分害羞、性格內向的「宅男」。Kelvin 想向 Wing 表白，但是不知道 Wing 能否接受自己這種內向性格的人，於是他選擇旁敲側擊地詢問：「Wing 你喜歡內向的人嗎？」可是 Wing 根本就沒想到 Kelvin 話裏有話，直截了當地回答道：「我不太喜歡和性格內向的人相處，太悶了。」因此，Kelvin 彷彿受到了巨大的打擊，每天看着 Wing 和其他男同事相處愉快，就逐漸疏遠了 Wing。

Wing 沒有考慮到 Kelvin 話裏有話的情況，沒有思考就回答了問題，這才使得 Kelvin 受到了打擊。所以，**作為一個好的傾聽者，不僅要善於傾聽，還要學會思考，切記不能不假思索就回答問題。**

多分析，多理解，多去探究對方的話語裏是否包含着另一層情感或者慾求，做一個善解人意的傾聽者。

切勿不假思索地評論

▼

也許他是……

情緒不好

渴求認同 yes

……

證據充分

❶在傾聽中要仔細分辨對方哪些話背後是藏着其他內容的。

好的傾聽者往往不會急於做出判斷，而是對對方的情感感同身受，能夠設身處地看待事物，更多在意對方話語中是否還有另一層意思[14]。所以我們在傾聽的時候要注意以下兩點：

1. 多考慮「為什麼他要說這個話題」。

當然，並不是所有人說的所有的話都是話裏有話，暗藏玄機，所以在傾聽的時候一定要專注，且要思考「為什麼他要說這個話題？」如果覺得這個話題來得太突然，或者並不是你們經常聊的內容的話，就更需要在聽的時候進行思考了。比如平時和閨蜜聊的都是衣服、包包、鞋子等話題，突然最近她開始聊男生了，這個時候你就要想她是不是想要戀愛或者已經喜歡上某個男生了。

2. 比起表面的語言，多觀察話的源頭中包含的情感和慾求。

除了閒聊以外，大部分人說話都是有目的性的。所以在傾聽的時候不要過多地在意表面上的語言，要多想一想說話者為何在此時提起這個話題，探究背後是否包含着另一層情感或者慾求。比如青梅竹馬最近有意無意地向你提起自己準備創業的事情，還與你分析市場和資金準備，不止一次向你吐露資金有些困難，所以這個時候你就要想到對方這麼說，是不是有可能想要找自己借錢呢。在後續與對方的交談中，你可以小心地去求證這個問題。

傾聽的三個
事前準備

如果你想從談話中結交一個新夥伴，可是怕失去話題而失去了解對方的良機，這個時候不妨稍作調查，準備好話題，這樣就不怕在談話中因為缺少話題而錯過機會了。

公司有個特別難搞的客戶，就連 Peter 和林 Sir 前往都沒有成功。但是合作機會不能丟失，於是公司派 Kelvin 和 Wing 分別前往談判，尋求合作機會。

Kelvin 剛畢業沒多久，並沒有多少這種談判經驗，於是前往客戶公司拜訪時一見到客戶就急着與客戶談合作，卻沒想到一連吃了三天的閉門羹。Wing 卻不一樣，她先打聽到該客戶另一位高層同事是美術愛好者，平日喜歡逛畫展，正好最近有一個本地特別有名的畫家會在美術館辦展覽，便判斷該客戶肯定會去，所以當天 Wing 就來到美術館尋找客戶的蹤跡。沒想到客戶此時正陶醉地欣賞畫作，Wing 便上前與其攀談，先從莫內說到梵高，再從印象派談到了抽象派……兩人交談甚歡，待二人熟稔之後，Wing 才表明來意。客戶覺得與 Wing 志趣相投，就同意了與 Wing 公司的合作計劃。

想要讓對話無障礙地進行，就需要事先下一些功夫。

機會都是留給有準備的人。不管是了解對方也好、尋求合作機會也好，適當的事前準備和調查總是沒有錯的。

傾聽的事前準備

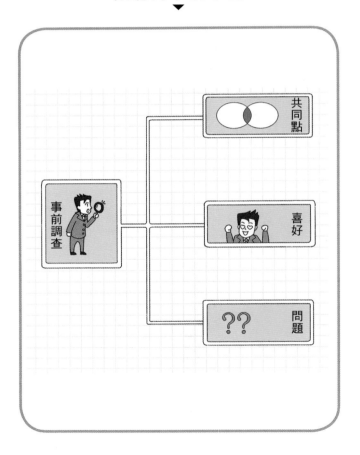

事前調查

共同點

喜好

?? 問題

如果我們想結交一個新夥伴，卻又苦於對方不肯和你交心的時候，不妨注意以下三點：

1. 做好事前調查。

做好事前調查需要注意三點：共同點、喜好、準備問題。這裏的共同點就是指相互間有類似的想法或喜好，與第二點的喜好可以配合使用；然後再根據這些共同點和喜好準備一些相關的問題。

2. 為了不讓對話掃興，調查適可而止就好。

調查只是為了打開你們之間交流的大門，所以不需要尋根究柢，調查適度即可，不要過分地挖掘問題。

3. 深入的問題能讓對方提起興趣。

問題的設置要由淺入深，先找到二人的共同點和喜好，然後在傾聽的過程中思考一些對方感興趣的問題。從淺顯的問題慢慢地深入才能夠提起對方與你交談的興趣。

我們可以先從同事口中了解對方喜歡什麼，找一找對方和你有哪些共同點，然後簡單地研究對方的喜好，從而間接了解對方的人物性格。但為了不讓周圍人感到不快，切勿過分調查研究，簡單了解就好。以對方的喜好作為準備問題的發問點，會拉近彼此的心理距離。

教你如何
用身體傾聽 Part2

人們在進行對話時，不論是說話的一方，還是傾聽的一方，身體不由自主地會展現出一些習慣性的小動作，或站起來、或走開，或把手放背後，或叉腰。在本章節中，我們繼續來為大家分享其他幾種在傾聽中可以活用的小技巧。

1. 站起來。

這種行為經常發生在大型會議中，當台上的主講人滔滔不絕地講述自己的經驗或者觀點時，很多聽眾能感受到說話者的情緒，特別是話題進入高潮時，有人能激動地站起來表示贊同，這時說話者得到了傾聽者的認同，身心上會獲得極大的鼓勵，也能夠更好地進行講話。

2. 身體稍微前傾。

當我們與他人討論問題時，每個人的意見都有不同，這時就需要獲得其他人的支持，進而更有勇氣闡述自己的觀點，也能相對詳細地說明自己的觀點比其他人的更可取。生活中經常會遇到這種情況，當圍坐在一起討論問題時，只要說到自己感興趣的問題時，身體會不由自主地往前傾，而傾聽者身體微微前傾就是一種想要聽對方說更多的心情表達。當你在與對方交談的時候，如果發現對方有此種動作，就代表你現在說的內容是對方感興趣的。這時你就可以繼續談論這個內容或者相關的內容，以吸引對方的注意力。

3. 眼睛向下看。

雖然我們都說在傾聽對方說話的時候要很真誠地直視對方的眼睛，以示尊重。但是並不是在整個對話活動中都需要「目不斜視」地看着對方。人的眼睛是情感最豐富的器官，當我們在思考問題的時候眼睛會不自覺地向下看，這時我們的大腦會不停地思考、組織語言。我們在認真地傾聽他人說話時，眼睛向下看，做思考狀的話，會讓說話者覺得自己的說話內容有被他人認真對待。

4. 向後靠。

日常生活中每個人的價值觀與知識層面的不同，說的話也不一樣。當傾聽者聽到自己晦澀難懂的話題時，可以將背部向後靠，表示自己需要一點時間來理解說話內容。這一明顯的動作能夠很快被說話者看到，而說話者接收到這條訊息後，也會進行思考，是否自己的話讓傾聽者難以理解，是否需要適當地減緩話題進度，讓更多的人去理解自己所說的話。

傾聽並不是一味地「聽」，而是邊聽邊思考，邊聽邊給說話者反饋。所以，作為一個合格的傾聽者，切記在傾聽的時候注意配合身體的小動作來展現自己。

[簡單實踐法]
用 身 體 傾 聽 Part 2
▼

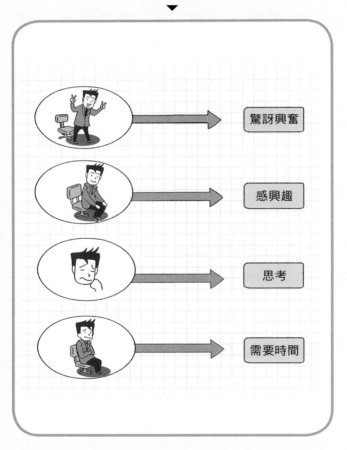

重點 Get！

1

說話者還未表達完自己的想法時，不可迫不及待地說「我也是！」

2

當說話者饒有興趣地講述一件事情時，傾聽者改變話題方向，很有可能讓說話者感到悶悶不樂。

3

沒有聽清楚的部分，傾聽者可以用更禮貌的方式來彌補理解。

4

直言說話者的失誤，極有可能引發困窘尷尬的場面，從而影響交流的繼續。

5

說話者無意間的話很有可能包含着大量信息或情感慾求。

6

很想從談話中結交一個新夥伴，可是缺乏話題，很有可能失去了解對方的良機。

可以配合之前的 Part1 來使用這些小方法。

主要參考 & 引用

[1] 尼可斯著，邱珍琬等譯：《傾聽：提升溝通力的最關鍵一步》。北京：譯林出版社，2014 年。頁 90。

[2] 伯納德・費拉里著，劉蕾等譯：《傾聽的力量：如何掌握溝通中的關鍵商業技巧》。北京：電子工業出版社，2013 年。頁 40-45。

[3] Michael P. Nichols PhD, *The Lost Art of Listening, Second Edition: How Learning to Listen Can Improve Relationships.* NY: The Guilford Press, 2009, p.63.

[4] Mark Goulston M.D, *Just Listen: Discover the Secret to Getting Through to Absolutely Anyone.* NY: AMACOM, 2015, p40-45.

[5] 阿川佐和子著：《聞く力―心をひらく 35 のヒント》。東京：文藝春秋，2012 年。頁 77-75。

[6] 岩松正史著：《「ねえ、私の話聞いてる？」と言われない「聴く力」の強化書―あなたを聞き上手にする「傾聴力スイッチ」のつくりかた》。東京：自由國民社，2014 年。頁 55-65。

[7] 船見真鈴著：《「聴く力」磨けば人生うまくいく！》。東京：マガジンハウス，2010 年。頁 20-21。

[8] 東山紘久著：《プロカウンセラーの聞く技術》。東京：創元社，2000 年。頁 20-21。

[9] 日本能率協會コンサルティング著：《「部下」と「チーム」がどんどん動き出す！人を伸ばす「聴く力」》。東京：日本能率協會マネジメントセンター，2009 年。頁 10-15。

[10] 山根基世著：《こころの聲を「聴く力」》。東京：潮出版社，2015 年：頁 33-34。

[11] 古宮昇著：《共感的傾聴術：精神分析的に「聴く"力を高める、」》。東京：誠信書房，2014 年。頁 33-34。

[12] 宮城まり子著：《「聴く」技術が人間関係を決める》。東京：永岡書店，2015 年。頁 2-3。

[13] 河合隼雄、立花隆、穀川俊太郎著：《読む力・聴く力》東京：岩波書店，2015 年。頁 9-10。

[14] 鷲田清一著：《「聴く」ことの力─臨床哲學試論》東京：阪急コミュニケーションズ，1999 年。頁 52。

圖解
傾聽力

快速提升
職場人氣 100%

速溶綜合研究所　著

責任編輯　　朱嘉敏
裝幀設計　　明　志
排　　版　　黎品先
印　　務　　劉漢舉

出版

非凡出版

香港北角英皇道 499 號北角工業大廈 1 樓 B

電話：(852) 2137 2338　傳真：(852) 2713 8202

電子郵件：Info@chunghwabook.com.hk

網址：http://www.chunghwabook.com.hk

發行

香港聯合書刊物流有限公司

香港新界大埔汀麗路 36 號

中華商務印刷大廈 3 字樓

電話：(852) 2150 2100　傳真：(852) 2407 3062

電子郵件：info@suplogistics.com.hk

印刷

美雅印刷製本有限公司

香港觀塘榮業街 6 號海濱工業大廈 4 樓 A 室

版次

2018 年 3 月初版

©2018 非凡出版

規格

184mm x 130mm

ISBN

978-988-8512-20-1